ZERO A ZERO

GARY CHAPMAN

ZERO A ZERO

Como resolver os conflitos no casamento sem terminar a relação

Traduzido por **Omar de Souza**

Editora Mundo Cristão
São Paulo

Editora responsável: Silvia Justino
Assistente editorial: Miriam de Assis
Revisão: Gustavo Nagel
Supervisão de produção: Lilian Melo
Colaboração: Pâmela Moura
Capa: Douglas Lucas
Imagem: Glow Images/Alamy

Os textos das referências bíblicas foram extraídos da versão *Nova Versão Internacional* (Sociedade Bíblica do Brasil), salvo indicação específica.

Dados Internacionais de Catalogação na Publicação (CIP)
(Câmara Brasileira do Livro, SP, Brasil)

Chapman, Gary
Zero a zero: como resolver os conflitos no casamento sem terminar a relação / Gary Chapman; traduzido por Omar de Souza. — São Paulo: Mundo Cristão, 2008.

Título original: Everybody Wins.
Bibliografia.
ISBN 978-85-7325-512-6

1. Casais — Psicologia 2. Conflito — Administração 3. Conflito conjugal I. Título.

08-00489 CDD-646.78

Índice para catálogo sistemático:
1. Casais: Relacionamento: Vida familiar 646.78
Categoria: Comportamento/Casamento

Publicado no Brasil com todos os direitos reservados pela:
Editora Mundo Cristão
Rua Antônio Carlos Tacconi, 79, São Paulo, SP, Brasil — CEP 04810-020
Telefone: (11) 2127-4147
Home page: www.mundocristao.com.br

1ª edição: março de 2008

Sumário

Introdução 7

1. O que há de tão ruim numa discussão? 11
2. Por que é tão importante resolver os conflitos? 19
3. Uma questão de atitude 27
4. Para resolver conflitos é preciso saber ouvir 39
5. Saber ouvir conduz à compreensão 53
6. A compreensão conduz à solução 61
7. A solução conduz à harmonia 75

Conclusão 83

Algumas reflexões muito interessantes 85

Uma solução em que todos ganham 87

Introdução

Por mais de trinta anos, vários casais apareceram em meu consultório em busca de ajuda. Em praticamente todos os casos, eles me procuram porque enfrentam conflitos que não conseguem resolver. São pessoas que já discutiram e brigaram tanto, e por tanto tempo, que um já sabe até o que o outro vai dizer. Suas discussões já se tornaram previsíveis, mas a solução parece inalcançável. Exaustos, eles chegam à procura de ajuda profissional. No entanto, sinto que, com freqüência, eles me vêem mais como juiz do que como conselheiro. No fundo, um cônjuge espera que eu declare o outro culpado por não usar o bom senso e pelas reclamações injustificadas.

Justamente porque sou conselheiro, e não juiz, começo com a árdua tarefa de ouvir as queixas de ambos. Cada um repete seu discurso repisado para mim, certo de que compreenderei a lógica de sua opinião. Ouço com toda a atenção e faço muitas anotações, mas, estando na condição de conselheiro, não estou tão preocupado com a lógica, e sim com o relacionamento dos dois. Sei que, em seu coração, ambos querem mais do que simplesmente colocar um ponto-final em algum motivo de discórdia. Eles anseiam, na verdade, por um relacionamento mais saudável. Por trás da frustração dos conflitos não resolvidos está o desejo de viver em harmonia.

Relacionamentos de amor são alimentados pela compreensão, e não pelas vitórias em discussões. Assim, começo perguntando algo do tipo: "Como você se sente quando ouve as coisas que ele diz?" ou: "O que acontece dentro de você quando a ouve fazer aquele comentário?". Ouço as respostas, continuo tomando nota do que dizem e faço mais perguntas, procurando descobrir os sentimentos que se escondem atrás dos conflitos. Nenhum confronto jamais será resolvido de maneira satisfatória, a não ser que primeiro compreendamos os sentimentos que permanecem ocultos.

Também faço aos casais perguntas relacionadas a seus valores pessoais: "Por que isso é tão importante para você?". A resposta a essa questão costuma revelar os valores que deram origem ao conflito. Se eu não conseguir compreender seus valores, nunca chegarei a entender por que aquelas questões são tão importantes para eles. Como conselheiro, procuro fazer por esses casais aquilo que eles nunca foram capazes de fazer por si mesmos: esforço-me por compreendê-los. A compreensão conduz à solução do problema e à harmonia.

Quando fiz a pesquisa para meu livro *As quatro estações do casamento*,[1] encontrei centenas de casais que admitiram viver uma união do tipo "inverno", ou seja, o casamento era caracterizado pela raiva, pela decepção, pela solidão, pela negatividade, pela ausência de estímulo, pela frustração e pela falta de esperança. O relacionamento dessas pessoas era desinteressado, frio, rude e amargo. Eles se sentiam solitários e traídos. Era como se estivessem dentro de um iglu, agachados num canto, à espera da primavera. O problema é que, para muitos deles, essa primavera nunca chegava.

[1] São Paulo: Mundo Cristão, 2006.

Quase todos esses casais começaram sua união vivendo na primavera. Eles compartilhavam grandes visões de uma vida em comum muito boa. Queriam fazer o possível para que o cônjuge fosse feliz. A vida seria bela. Mas vários deles foram, de uma só vez, da primavera ao inverno, pulando o verão e o outono. Outros podiam olhar para trás e lembrar de uma estação do casamento que não existia mais, na qual as flores desabrochavam e o sol brilhava. Agora, precisam reconhecer que as flores já estão secas e mortas há muito tempo.

O que os tirou da expectativa alegre da primavera e os levou à rudeza do inverno no relacionamento conjugal? Quase sem exceção, o processo envolveu conflitos não resolvidos. As diferenças vieram à tona, e algumas delas se tornaram fator de divisão. Os casais não haviam passado por nenhum treinamento sobre como resolver os conflitos, por isso cada cônjuge acabava tentando convencer o outro de que estava com a razão, valendo-se, para isso, de argumentos cuidadosamente escolhidos e verbalizados.

Quando os argumentos não eram suficientes para convencer, os cônjuges os repetiam com mais intensidade, e um culpava o outro por não usar o bom senso ou por não ser racional. Com o tempo, já cansados de tantos embates, começavam a se afastar, e a frieza do inverno recaía sobre o casamento.

Os casais enfrentam conflitos em todas as quatro estações do casamento. Aqueles que aprendem a resolver esses problemas passam mais tempo na primavera e no verão. Já os que fracassam na solução dos conflitos inevitavelmente derivam para o outono ou o inverno na relação conjugal. Esses conflitos não resolvidos geram uma sensação de desesperança entre muitos. Eles só conseguem enxergar duas alternativas: continuar casados, mas vivendo infelizes, ou acabar com o casamento e torcer para que, em algum momento no futuro, os dois encontrem alguém com quem se sintam mais "compatíveis". Aqueles que fazem a segunda opção deixam de perceber que não existe nenhum casamento isento de conflitos.

Acredito que há uma terceira alternativa: os casais que aprendem a resolver seus conflitos sem brigas conseguem transformar a frieza do inverno numa primavera promissora e cheia de esperança. Seja qual for a estação pela qual seu casamento esteja passando — primavera, verão, outono ou inverno —, creio que o relacionamento será fortalecido se você aprender a arte de resolver os conflitos de maneira positiva.

Neste pequeno livro, meu objetivo é o de ajudar você a aprender a compreender seu cônjuge, de modo que cheguem juntos à solução dos conflitos, em vez de se limitar a disputar qual dos dois está com a razão porque venceu a discussão. Quando um cônjuge ganha uma briga, o outro é, automaticamente, o perdedor. E todo mundo sabe que não tem graça nenhuma viver ao lado de uma pessoa que perde em tudo. Mas, quando o casal resolve um conflito, os dois cônjuges saem vencedores, e o relacionamento sai fortalecido. Bons casamentos se baseiam em cumplicidade, e não em disputas a respeito de quem tem razão.

Escrevi este livro tendo em mente milhares de casais que nunca procurarão ajuda de um conselheiro profissional, mas gostariam desesperadamente de aprender como resolver seus conflitos. Optei por escrever numa linguagem simples e cotidiana, evitando termos altamente técnicos ou conceitos teológicos muito elevados. Meu desejo é que este livro potencialize a qualidade de seu casamento, ensinando como resolver conflitos, sem brigas.

1

O que há de tão ruim numa discussão?

VAMOS COMEÇAR PELO COMEÇO. Quando o relacionamento ainda estava na fase do namoro, é bem possível que você e seu cônjuge estivessem apaixonados um pelo outro. Os dois gostavam muito do que viam. Adoravam passar bastante tempo juntos. Eram capazes de ficar conversando durante horas. Ele (ou ela) era a pessoa mais maravilhosa que você conseguia imaginar. Em resumo, vocês estavam enamorados. Pode ser que o período de namoro tenha sido bem longo ou breve, não importa — os sentimentos positivos que nutriam levaram você e seu cônjuge até o altar, onde ambos assumiram um compromisso de continuar juntos "nos momentos bons e nos ruins; na fartura ou na necessidade; na doença e na saúde; para amar e cuidar um do outro enquanto viverem".

As promessas que vocês fizeram um ao outro constituíam uma enorme responsabilidade, mas, na época em que foram feitas, os dois tinham intenção de cumpri-las integralmente. Ambos haviam sido carregados pela correnteza do amor, e todas as coisas pareciam simples demais. Em tese, você até sabia que havia diferenças em relação ao seu cônjuge, mas nunca poderia imaginar que, um dia, essas divergências poderiam se transformar em fatores de divisão.

Infelizmente, os sentimentos de euforia próprios da paixão costumam durar, em média, dois anos.[1] A partir daí, o casal volta ao mundo da realidade, onde as diferenças, antes teóricas, se tornam práticas e reais. Algumas dessas diferenças passamos a ver como recursos. Alan gosta de cozinhar; Nancy, por sua vez, detesta pegar numa panela. O que agrada a ela é tirar a mesa e lavar os pratos, algo que ele evita tanto quanto pode. Essas diferenças contribuem, juntas, para proporcionar uma experiência de harmonia na hora das refeições.

Alan e Nancy trabalham juntos, formando uma equipe, cada um usando suas especialidades para beneficiar o outro. Eles vivem o prazer da harmonia, e são até capazes de expressar esse sentimento com declarações do tipo: "Fomos feitos um para o outro"; "A gente forma um casal perfeito"; "Nossa vida não poderia ser melhor"; "Sou tão feliz por ter casado com você!". Quando as diferenças são encaradas como recursos, e maridos e esposas trabalham juntos, de modo harmonioso, a vida é mesmo bem melhor.

Outras diferenças, porém, podem se transformar em fator determinante de desunião. Bob gosta de esportes e passa o domingo inteiro vendo futebol pela televisão. Jill diz:

— Futebol é bom mesmo para os jogadores, que faturam milhões para ficar correndo de um lado para o outro. Mas por que existe gente que perde tanto tempo na vida para ver os outros praticarem um esporte tão besta?

Com certeza, o homem com quem ela se casou é bem mais inteligente do que os outros.

— É apenas um modo de eu me distrair — alega Bob.

— É apenas um modo de você perder seu tempo — responde Jill.

[1] Dorothy Tennov, *Love and Limerence*, Nova York: Stein and Day, 1979, p. 142.

— Você *tá* ficando doida, mulher? O mundo inteiro passa o domingo vendo futebol pela televisão.

— Só os que não têm que fazer.

— Olhe só, eu trabalho cinco dias por semana. Por favor, dê um pouquinho de folga e me deixe assistir ao jogo em paz.

— É claro que você trabalha. Mas e quanto a *nós*? Por que não conseguimos passar uma noite sequer juntos? Um dia é futebol; no outro é o jogo de basquete; no fim de semana tem as corridas. E quando não tem mais nada para assistir, você liga em algum canal de esportes para ver as lutas de vale-tudo. Nunca sobra tempo para nós dois.

Jill começa a chorar e sai da sala. Bob desliga a televisão, e é a partir daí que começa a luta de verdade. O futebol sai de campo e abre espaço para um embate verbal. Antes que a noite chegue ao fim, Bob e Jill vão discutir até chegar a um estado de profunda infelicidade.

Aonde aquela noite de discussões os levou? Algumas pessoas podem dizer: "A lugar nenhum", mas esta resposta seria ingênua demais. A briga entre os dois conseguiu produzir um resultado importante. Na pior das hipóteses, ela criou um distanciamento emocional ainda maior entre o marido e a esposa, que agora vêem um ao outro como inimigo, em vez de aliado. Um acha que o outro foi injusto, ou mesmo agiu de maneira irracional. E não pára aí: eles também estimularam os sentimentos de dor, raiva e mágoa. Com isso, a mente de ambos foi tomada de questionamentos inquietantes:

- O que é que deu nesse homem?
- Qual é o problema com essa mulher?
- Não consigo acreditar que ela tenha dito aquelas coisas.

- Como ele consegue ser tão insensível?
- O que aconteceu com o amor que existia entre nós?
- Será que me casei com a pessoa errada?

É possível até que os dois fechem a noite dormindo em quartos diferentes, ou se deitem na mesma cama, só que de costas um para o outro, quietos, sem falar nada, enquanto repassam mentalmente seus argumentos. Sim, a briga os levou a algum lugar. Infelizmente, o lugar ao qual chegaram não tem nada de agradável.

Talvez a única coisa positiva que a discussão produziu tenha sido o fato de Bob e Jill encontrarem um ponto de conflito no casamento. Ele descobriu que ela não gosta nem um pouquinho que ele assista aos jogos de futebol no domigo. Ela, por sua vez, descobriu que ele simplesmente adora assistir aos jogos de futebol no fim de semana. Mas a briga não resolveu esse conflito, e por isso ele se transformou numa barreira emocional entre os dois, que afetará como ambos avaliarão o relacionamento. A partir de agora, todo domingo Bob assistirá aos jogos na televisão consciente de que aquilo desagrada a esposa. E todo domingo, Jill pensará da seguinte maneira: "Ele gosta mais do futebol do que de mim. Que tipo de marido é esse?".

Mais tarde voltaremos ao problema entre Bob e Jill. Antes, permita-me esclarecer o que quero dizer quando uso a palavra "discussão". Trata-se de um termo bastante conhecido na área do Direito. Os advogados e promotores apresentam e discutem seus argumentos para mostrar que a pessoa que defendem ou acusam é culpada ou inocente. Esses argumentos são declarações que os advogados e promotores fazem com base nas evidências disponíveis. A função deles é a de apelar ao senso lógico e à razão do júri. A conclusão é óbvia: qualquer pessoa racional há de concordar com meus argumentos. De vez em quando, um advogado ou promotor também pode apelar para as emoções do júri, mostrando aspectos do caso com o objetivo de cooptar a simpatia dos jurados e convencê-los de seus argumentos.

Num tribunal, a discussão dos argumentos é absolutamente permitida. Na verdade, nenhum processo pode ser levado a juízo sem que os dois lados apresentem seus argumentos. O advogado e o promotor apresentam evidências e suas respectivas interpretações na tentativa de convencer o júri de que a posição que cada um defende é a que está com a razão. É possível cruzar os depoimentos das testemunhas, e as conclusões também podem ser questionadas. O sistema jurídico é baseado na suposição de que, por meio da discussão dos argumentos e contra-argumentos apresentados, o júri terá mais recursos para descobrir a verdade a respeito da culpa ou da inocência do réu.

Todos nós sabemos que a causa da justiça nem sempre é servida de maneira apropriada num tribunal, mas, na pior das hipóteses, é dada alguma solução ao caso que está sendo julgado. Se não é constatada a culpa do réu, ele está livre para sair. Réus considerados culpados podem pagar uma multa, ter o julgamento adiado ou ir para a cadeia, dependendo da gravidade do caso. Ou então, um recurso pode ser impetrado e o julgamento pode ser levado a uma instância mais elevada. Neste caso, mais argumentos devem ser apresentados a cada nova instância, até que um julgamento final anuncie a sentença definitiva.

Em todos esses casos, alguém ganha e alguém perde. Quando isso acontece, uma das partes provavelmente ouvirá seu advogado fazer um comentário mais ou menos assim: "Pensei que nossos argumentos fossem bons, mas, pelo jeito, o júri não se convenceu de nossas razões". Já o advogado da outra parte, a vencedora, deve dizer algo como: "Ganhamos o caso. Os argumentos eram consistentes, e acho que o júri reconheceu com quem estava a verdade".

Quando você opta por discutir com seu cônjuge, na verdade está fazendo uma escolha: a de usar um sistema jurídico para convencê-lo da verdade e da propriedade de sua opinião. Infelizmente, o que funciona relativamente bem num tribunal não serve muito para o relacionamento conjugal, pois não há juiz disponível para determinar qual das duas partes está com a razão e qual não está. As discussões logo ficam carregadas de emoção, e é possível que você acabe falando em tom agressivo, gritando ou chorando; dizendo coisas que destruirão o caráter da pessoa com quem convive; colocando em dúvida os motivos que ele ou ela apresenta; e condenando o comportamento do cônjuge, classificando-o como grosseiro, indelicado ou descontrolado.

Quando você briga com o cônjuge, o objetivo que tem em mente é o mesmo que teria se estivesse num tribunal: tudo o que deseja é ganhar a causa. Você quer que o seu lado da questão receba o benefício da justiça, e que seu cônjuge seja considerado culpado das suas acusações. É isso que há de tão prejudicial nas brigas e discussões. Em última análise, ela conduz a um entre três resultados:

1. Você vence e seu cônjuge perde.
2. Você perde e seu cônjuge vence.
3. Você e seu cônjuge chegam a um impasse.

Quando uma discussão termina em impasse, ambos saem perdendo. Nenhum dos dois se convence das razões do outro, e as duas partes se afastam, levando consigo uma sensação de decepção, frustração, dor, raiva e amargura. Não raro, a esperança é substituída pelo desespero em relação ao casamento.

Nenhum desses resultados é bom. O vencedor pode se sentir bem por um certo período, talvez por alguns dias; mas, com o tempo, viver ao lado de uma pessoa perdedora torna-se insuportável. O perdedor foge de qualquer nova discussão como um cachorro que acabou de apanhar e vai embora, procurando um canto onde possa lamber suas feridas. Não é um cenário nada bonito, mas se trata de uma experiência bastante comum. Na verdade, é algo que acontece com tal freqüência que existe até uma expressão para isso: "Fulano está *na lista negra*". Estar *na lista negra* significa que um dos cônjuges fez alguma coisa que desagradou tanto o outro que precisa manter distância até que ele ou ela possa voltar a cair nas graças da pessoa ofendida.

Quando os conflitos não são resolvidos e os cônjuges se afastam, ainda ouvindo as palavras de censura e reprovação ecoando-lhes no ouvido, a tendência é que eles se evitem em termos emocionais, à espera de dias melhores. Se esses dias não chegarem a tempo, os dois podem acabar procurando um "parceiro melhor" ou se resignando a viver na frieza de um casamento em que o inverno nunca acaba.

Qualquer vitória conquistada por meio de uma discussão ou briga não dura muito tempo. O perdedor pode até contra-atacar com um novo argumento (ou com um argumento antigo requentado), num esforço de convencer o cônjuge. Mas o argumento renovado também resultará em vitória, derrota ou impasse. Assim, como você pode constatar, discussões e brigas nunca resolvem nada; apenas revelam os conflitos. E uma vez que um conflito vem à tona, o casal precisa descobrir um modo de resolvê-lo com dignidade e respeito. Acredito que há milhares de casais que gostariam de aprender como resolver conflitos sem passar pelo processo da discussão ou da briga. E é justamente esse o propósito deste livro.

Colocando os princípios em prática

1. Cite três questões a respeito das quais você e seu cônjuge discutiram ou brigaram nos últimos doze meses.
2. O que lhe causa mais sofrimento nos momentos de discussão?
3. O que as discussões produziram, de fato, em seu casamento?
4. Numa escala de um a dez, quanto você se sente motivado (ou motivada) a encontrar um meio mais adequado de resolver os conflitos conjugais?

2

Por que é tão importante resolver os conflitos?

Os conflitos se desenvolvem a partir de nossas singularidades. Os homens não são diferentes apenas das mulheres: cada homem e mulher é diferente um do outro; é uma pessoa singular. Parte dessa nossa singularidade baseia-se na estrutura genética. Essas diferenças genéticas podem ser observadas com maior freqüência nas características físicas que as pessoas possuem. De modo geral, é isso que nos permite reconhecer uns aos outros. Há outras diferenças não físicas, que, vez por outra, se encaixam em certa categoria costumeiramente chamada de "diferenças de personalidade".

Embora você não possa notar essas diferenças com um simples olhar, elas também existem. Quando usamos as palavras "introvertido" e "extrovertido", estamos descrevendo uma diferença de personalidade. Nossas diferenças também demonstram como executamos as tarefas necessárias no dia-a-dia — por exemplo, como colocamos a roupa na máquina de lavar, como apertamos o tubo da pasta de dente ou como puxamos o papel higiênico. Temos idéias diferentes a respeito da melhor maneira de criar os filhos, de dirigir um carro, de aproveitar um tempinho de folga e mil outros aspectos da vida. É por causa de nossas singularidades que precisamos passar por conflitos, mas não conheço ninguém que gostaria de acabar com todas as diferenças entre as pessoas para nos tornar clones.

A resposta para a solução dos conflitos não está em nos livrarmos das singularidades que possuímos, mas em aprender como transformar essas diferenças em recursos, em vez de fatores de divisão. O objetivo de um bom casamento é que o casal aprenda a trabalhar junto, como equipe, valendo-se das diferenças para tornar a vida melhor para ambos os cônjuges. Resolver os conflitos é um método para desenvolver esse trabalho de equipe. Às vezes, nem sequer sabemos quais são as nossas diferenças até que surja o primeiro conflito.

Quando uso a palavra "conflito", não estou me referindo a simples divergências, como um gostar de azul e o outro preferir o amarelo. Isso não constitui um conflito; é apenas uma diferença de opinião ou de preferência. Conflitos são desavenças nas quais os cônjuges se envolvem muito em termos sentimentais, e a diferença de opinião entre eles afeta o comportamento, causando desarmonia no relacionamento. Nesse caso, se a preferência da esposa pela cor azul e a do marido pelo amarelo for determinante para a pintura do banheiro, essas diferenças tão grandes entre os dois virão à tona e se transformarão num conflito no qual eles tentarão convencer um ao outro de que é preciso pintar o banheiro na cor de sua preferência.

Os conflitos podem surgir em qualquer área da vida: quando os dois estão no carro, quando fazem uma refeição, falam de dinheiro, na hora do sexo, quando falam dos respectivos cunhados, sobre espiritualidade, sobre como aproveitar os momentos de lazer, sobre a educação dos filhos, entre muitas outras coisas. Os conflitos não são necessariamente ruins, e são até inevitáveis em qualquer casamento. E por uma simples razão: você se casa com uma pessoa, e toda pessoa é única, singular. No casamento, o nosso objetivo não deve ser o de nos livrar dos conflitos, e sim resolvê-los e, a partir dessas soluções, aprender como trabalhar com o cônjuge de maneira harmônica, como companheiros de equipe, para atingir os objetivos de ambos.

Quando mencionei o conflito relacionado à cor que deveria ser usada na pintura do banheiro, lembrei-me de um jovem casal que aconselhei há muitos anos. Jerry e Iris estavam casados havia dois anos, e se consideravam na primavera de seu relacionamento. Era assim que viviam até decidirem repintar o pequeno apartamento onde moravam. Eles não tiveram nenhuma dificuldade para escolher a cor de cada cômodo, até que chegaram ao banheiro. Ele queria que fosse pintado de azul, e ela preferia as paredes em verde. O casal se surpreendeu ao se dar conta de que estava discutindo asperamente sobre uma coisa que ambos concordavam ser, no fim das contas, banal demais. Ainda assim, tanto um quanto o outro tinha tanta convicção de sua opinião que, depois de algumas brigas, concordaram em buscar ajuda de um conselheiro.

— De fato, estamos morrendo de vergonha de estar aqui — disse Iris. — Parece mesmo um assunto muito banal, mas foi se tornando determinante em nosso casamento. E não queremos acabar brigando só por causa da cor a ser usada na pintura do banheiro.

Jerry encolheu os ombros, como se estivesse tentando se justificar, e acrescentou:

— Aposto que o senhor nunca recebeu em seu consultório um casal que viesse lhe trazer um problema tão banal quanto esse.

— Bem — falei, sorrindo — vamos colocar todas as cartas na mesa e analisar a questão. Tenho certeza de que você, Iris, apresentou a Jerry todas as razões pelas quais gostaria que o banheiro fosse pintado de verde. Então, que tal você compartilhar essas razões comigo também?

Ela citou cada um de seus motivos, e tomei nota de todos. Quando Iris terminou, eu disse:

— Isso tudo faz muito sentido. Posso entender por que você se sentiu tão chateada com a discussão.

Iris parecia aliviada. Então voltei-me para Jerry e continuei:

— Da mesma maneira, tenho certeza de que você também tem razões justas pelas quais gostaria que o banheiro fosse pintado de azul. Que tal me dizer por que prefere o azul?

Depois que Jerry citou suas razões, repeti o que dissera a Iris:

— As coisas que você está dizendo também fazem muito sentido. Posso compreender perfeitamente por que você prefere que o banheiro seja pintado de azul.

Jerry ficou aliviado, pois teve a impressão de que eu concordaria com os argumentos dele, mas Iris me olhou com espanto, e reclamou:

— Mas o senhor concorda com os dois, e isso não resolve o nosso conflito!

— Você tem razão — respondi — mas não acho que nenhum dos dois esteja procurando, de fato, uma solução para esse impasse. A alma de ambos continua armada, e ainda não passaram para o estágio da solução do conflito.

— O que o senhor quer dizer com isso? — perguntou Iris.

— Como você se sentiu quando eu concordei com sua lista de razões para pintar o banheiro de verde?

— Eu me senti muito bem. Era como se o senhor estivesse demonstrando respeito por minhas idéias.

Olhei para Jerry e perguntei:

— E você, como se sentiu quando afirmei que suas idéias faziam sentido e que conseguia compreender por que preferia que o banheiro fosse pintado de azul?

— Era como se o senhor estivesse dando ouvidos às minhas razões; como se as coisas que eu tinha dito fizessem sentido.

— O que fiz por cada um é aquilo que vocês ainda não fizeram um pelo outro. Cada um de vocês defendeu a própria posição, mas nenhum dos dois conseguiu entender as razões do outro. Jerry, diga com honestidade: você seria capaz de dizer a Iris a mesma coisa que eu disse? "Isso tudo faz muito sentido. Posso entender por que você gostaria de ver as paredes do banheiro pintadas de verde". Acho que as idéias que ela apresentou fazem muito sentido. Você não concorda comigo?

— Sim, mas eu gosto mais das minhas idéias.

— E isso é muito compreensível. Mas você estaria disposto a demonstrar boa vontade em relação às opiniões de Iris, falando alguma coisa parecida com aquilo que acabei de dizer a ela?

— O senhor quer dizer agora mesmo?

— Sim, agora seria uma ótima oportunidade.

Jerry olhou para Iris e disse:

— As coisas que você disse fazem sentido para mim. Posso entender por que você gostaria que o banheiro fosse pintado de verde. Além disso, eu a amo.

Ele terminou de falar com um sorriso. Eu e Iris também sorrimos quando ele acabou.

— Muito bem, foi um bom começo — continuei. — Agora você, Iris. Será que poderia fazer a mesma declaração que Jerry fez, com toda a honestidade?

Ela balançou a cabeça de modo afirmativo e virou-se para encarar o marido.

— As coisas que você disse também fazem sentido para mim. Eu posso entender por que você acha que o azul é a cor mais apropriada para pintar o banheiro. E também amo você, Jerry.

— Agora acho que os dois já estão prontos para encontrar a solução para o conflito — concluí. — Os dois deixaram de ser inimigos. São dois amigos que estão tentando resolver um problema. Sendo assim, quais são as alternativas?

— Podemos pintar o banheiro de verde — ofereceu Jerry.

— Ou então, o banheiro pode ficar em azul — disse Iris. — Também poderíamos misturar o azul e o verde para chegar a uma cor intermediária.

Interferi na conversa.

— Posso imaginar mais uma possibilidade. Vocês podem pintar algumas partes de azul e outras de verde.

— Sabe que eu ainda não tinha pensado nisso? — comentou Iris.

— Nem eu — disse Jerry.

— Eu nunca vi um banheiro pintado em duas cores.

— Eu também não — expliquei — mas até que seria bem original, não acham? É provável que muita gente comente.

— Eu gostei da idéia. O que você acha, Jerry?

— Acho a idéia muito boa. Assim, teremos o banheiro mais original do condomínio. E quando os vizinhos nos perguntarem por que usamos duas cores para pintar as paredes, podemos contar a eles sobre o conflito que enfrentamos e como o resolvemos.

— Talvez vocês até ajudem essas pessoas a economizar uma consulta com um conselheiro profissional — comentei.

Quando um casal aprende a resolver seus conflitos dessa maneira, e um trabalha com o outro para que ambos possam se entender, incentivar e apoiar, o casamento se torna algo belíssimo. É aí que se torna realidade o que diz um antigo provérbio do povo hebreu: "É melhor dois do que um".[1] A necessidade tão intensa e emocional de

[1] Veja Eclesiastes 4:12.

ter ao lado um companheiro é atendida. Ambos estão ligados emocionalmente. A abordagem que fazem da vida é pautada pelo senso de harmonia, e juntos realizarão muito mais do que seriam capazes se cada um trabalhasse sozinho.

Olhando a questão pelo ângulo oposto, os conflitos não resolvidos tornam-se barreiras à harmonia do casal. A vida se transforma num campo de guerra, com maridos e mulheres se tratando como se fossem inimigos. Valendo-se de ataques verbais, lutam as mesmas batalhas o tempo todo, infligindo feridas que os afastam emocionalmente cada vez mais. Depois de uma série impiedosa de conflitos sem solução, o marido acaba dizendo:

— Não somos compatíveis um com o outro. Para começo de conversa, não deveríamos nem mesmo ter casado. Somos como o dia e a noite. Não consigo ver nenhuma maneira de vivermos juntos.

A esposa, com lágrimas correndo pela face, responde:

— Como é que nosso relacionamento chegou a esse ponto? Quando estávamos namorando, gostávamos tanto de ficar juntinhos. Não consigo entender a partir de que ponto a coisa começou a dar errado.

A resposta mais objetiva para essa pergunta é simples: os dois nunca aprenderam a resolver seus conflitos. Talvez nunca tenham se preparado para quando esses conflitos começassem a acontecer. Na euforia da sensação de estarem amando, os cônjuges não costumam discernir as diferenças entre si e mal conseguem imaginar que passarão por momentos de desavença muito sérios.

A boa notícia é que qualquer casal pode aprender a resolver seus conflitos. Faço questão de destacar a palavra "aprender". A capacidade de resolver conflitos não surge simplesmente com o passar do tempo. Tão certo como uma pessoa pode aprender a andar de bicicleta, dirigir um carro ou usar um computador, você pode aprender como resolver os conflitos conjugais. Isso lhe exigirá mudança de atitudes, aprender a ouvir, tratar seu cônjuge com respeito e negociar as soluções — mas é possível chegar lá. Não estou dizendo que será tarefa fácil, mas as recompensas, caso alcance sucesso nesse esforço, serão fenomenais.

Por que é tão importante resolver os conflitos? Como um marido já disse:

> É a diferença entre o céu e o inferno. Durante anos, eu e ela fomos muito infelizes. Mas, quando finalmente começamos a aprender como resolver nossos conflitos, passei a ver que havia luz no fim do túnel. Agora sei o que significa ser casado e feliz. Nem sei por que esperamos tanto tempo para buscar ajuda.

Colocando os princípios em prática

1. Cite algumas *diferenças* entre você e seu cônjuge que tenham provocado conflitos.
2. Até que ponto essas diferenças entre os dois podem se transformar em recursos, se vocês aprenderem a resolver os conflitos e trabalhar em equipe?
3. Conflitos resolvidos de maneira positiva geram mais intimidade conjugal. Você consegue se lembrar de algum conflito recente que tenha conseguido resolver de modo positivo? Por que a solução pode ser considerada positiva? Se você passou por algum conflito recente que não foi resolvido de maneira positiva, o que o impediu de chegar a uma solução?

3

Uma questão de atitude

Geralmente, a diferença entre a solução dos conflitos e a discussão na vida de um casal reside na *atitude*. Por que as pessoas discutem? Resumindo a resposta em uma palavra: *intransigência*. Adotamos uma atitude inflexível e nos recusamos a mudar de idéia. Essencialmente, o que estamos dizendo é o seguinte: "Meu jeito de fazer a coisa é o certo, e se você não fizer como estou dizendo, então vou fazer o possível para infernizar a sua vida". Esta é a atitude de um *cabeça-dura*, uma pessoa que insiste em fazer tudo à sua maneira.

As pessoas que sempre se dispõem a buscar solução para os conflitos demonstram uma atitude diferente. Elas costumam dizer: "Tenho certeza de que podemos resolver esse problema de uma maneira positiva para nós dois. Vamos pensar em alguma coisa juntos". Os cônjuges que adotam essa atitude são aqueles que procuram por uma solução na qual ninguém perca nada. Os dois saem vencedores.

Vamos voltar ao caso de Bob e Jill, que vimos no primeiro capítulo deste livro. Eles estavam brigando por causa dos jogos de futebol no fim de semana. É claro que um achava que o outro não estava sendo razoável. Eles passaram uma noite horrível por causa da discussão que tiveram, e uma enorme barreira se formou entre os dois.

No entanto, se tivessem assumido uma atitude diferente, o resultado poderia ter sido totalmente diferente.

O que aconteceria se Jill tivesse optado por uma atitude de ajustamento à situação? Ela provavelmente teria dito:

> Bob, sei que você gosta muito de assistir ao futebol no fim de semana. É um jeito que você tem de aliviar um pouco a tensão da semana inteira. Só que, com isso, estou começando a me sentir sozinha, como se eu não fizesse parte de sua vida. Não quero passar por isso. Então, a hora que você quiser, eu gostaria de conversar sobre esse assunto para podermos encontrar uma solução. Tenho certeza de que podemos resolver isso. Eu o amo muito, e não quero que isso se torne um barreira em nosso relacionamento.

Se Bob escolhesse adotar uma atitude própria daqueles que se dispõem a resolver os conflitos que enfrentam, é possível que ele tivesse respondido o seguinte:

> Meu bem, você tem razão. De fato, eu gosto muito mesmo de assistir aos jogos de futebol no fim de semana, mas também valorizo nosso relacionamento mais do que qualquer outra coisa que exista no mundo. Quero que suas necessidades sejam atendidas, e tenho certeza de que podemos encontrar uma solução boa para os dois. Por que não conversamos sobre isso no intervalo da partida?

A noite poderia ter sido muito agradável tanto para Bob quanto para Jill, e é bem provável que eles tivessem encontrado uma solução que satisfizesse as duas partes.

Uma atitude de respeito

Para descobrir uma solução em que os dois cônjuges ganhem é preciso começar pela opção de crer que tal solução é possível, e que marido e mulher são inteligentes o bastante para encontrá-la. O processo tem início quando você reconhece que se casou com outro ser humano, criado à imagem de Deus, e que, por essa razão, é uma pessoa muito valiosa. Começa quando você escolhe tratar seu cônjuge como alguém que possui valor. Começar com uma atitude de respeito predispõe um casal a descobrir uma solução para seu conflito, em vez de um entristecer o outro com palavras de condenação.

Reconhecemos que todos os seres humanos são únicos, e que nossas diferenças não diminuem nosso valor. Por causa disso, optamos por tratar nosso cônjuge com dignidade e respeito. Isso significa que não procuraremos convencê-lo de que deve ser exatamente como somos, que deve concordar com todas as nossas opiniões. Devemos dar-lhe a liberdade de pensar e de sentir de modo diferente, e sempre respeitar o que o cônjuge pensa e sente a respeito das coisas. Quando escolhemos adotar uma atitude de respeito em relação ao cônjuge, é menor a probabilidade de dirigir-lhe palavras condenatórias, ríspidas e cruéis.

Você se lembra de Jerry e Iris, que estavam encontrando dificuldade para resolver um conflito relacionado com a cor a ser utilizada na pintura do banheiro do apartamento dos dois? O que eles descobriram durante o período de aconselhamento foi o efeito relaxante do respeito que um deve ter pela opinião do outro. Tanto Jerry quanto Iris deixaram suas opiniões muito claras, e cada um deles achava, com toda a sinceridade, que suas opiniões eram mais importantes do que as do cônjuge.

Eles só conseguiram sair da condição de ataque mútuo para o estágio de solução dos problemas quando começaram a demonstrar respeito pelas opiniões um do outro. Enquanto um cônjuge desvaloriza a opinião do outro e a considera menos relevante, demonstra pouca disposição de encontrar uma solução satisfatória para o problema que o casal está enfrentando. Mas quando um deles faz a opção por uma atitude de respeito em relação às idéias do outro, embora ainda possam discordar entre si, eles criam um ambiente no qual são capazes de procurar *juntos* uma solução.

Uma atitude de amor

Outra característica das pessoas que sempre demonstram disposição de resolver os conflitos é a opção por uma atitude amorosa. É como uma esposa se expressou: "Estou comprometida em proporcionar bem-estar ao meu marido. Quero fazer todo possível para enriquecer a vida dele e ajudá-lo a alcançar seus objetivos". Se o marido demonstra a mesma atitude em relação à esposa, então eles encontrarão juntos as soluções para seus conflitos, soluções que serão benéficas para ambos. O egoísmo é o oposto do amor. Gente egoísta procura sempre impor sua vontade aos outros. O mais importante para essas pessoas é "fazer tudo à minha maneira". Já as que sabem amar de verdade procuram fazer o que é mais útil para o cônjuge.

Vi uma clara atitude de amor quando visitei John e Betsy. Eles haviam acabado de se mudar para a nossa cidade, e visitaram a igreja que freqüentávamos. Durante nossa conversa, descobri que haviam perdido um filho de três anos de idade num trágico acidente de barco um ano antes. Eles tinham dois outros filhos, que na época tinham cinco e sete anos, e fiquei sabendo que Betsy estava grávida.

— Sendo um conselheiro conjugal, Gary, acredito que você achará o que vou dizer muito interessante — disse Betsy. — Nossa decisão de sermos pais novamente não foi nada fácil. John não queria ter outro filho, mas eu era absolutamente a favor de ter mais um.

Olhei para John, que comentou:

— O sofrimento pela perda de Josh foi tão intenso que eu não conseguia suportar a idéia de passar por tudo aquilo novamente. Eu estava feliz com as duas crianças que nos restaram, e desejava investir meu tempo no convívio com elas.

— Posso entender o que você está querendo dizer — respondi.

— Eu achava que minha perda havia sido tão grande que nunca mais encontraria cura para o meu coração, a não ser com o nascimento de outra criança — continuou Betsy. — Isso gerou um grande conflito entre nós dois.

— E como vocês resolveram essa questão? — quis saber.

— Respeitamos a opinião um do outro — respondeu John. — Eu sabia que ela queria mesmo ter outro filho, e ela sabia que esse não era meu desejo. E ambos tínhamos certeza de que havia sinceridade nas duas partes.

— Oramos para que Deus nos desse sabedoria — disse Betsy. — Um dia, enquanto eu orava, Deus me lembrou da história de Abraão, que ofereceu o filho Isaque no altar do Senhor. Eu sabia que Abraão havia feito aquilo por causa do amor profundo que sentia por Deus. Então, uma pergunta me veio à mente: "Será que eu amo John o suficiente a ponto de oferecer no altar esse filho que ainda não concebi?". Nunca amei ninguém do mesmo jeito que amo John. Ele é um marido e um pai maravilhoso. Eu sabia que minha resposta era "sim". Então contei a John sobre minha oração e aquilo que Deus havia me lembrado. Eu desejava que meu marido soubesse de minha intenção de não ter outro filho pelo fato de o amar muito.

— Chorei como criança quando ela me contou isso — continuou John. — Talvez fosse pela tristeza que eu trazia reprimida dentro de mim, mas chorei descontroladamente por meia hora. O amor de Betsy me desarmou. Eu não disse nada naquela noite. Só chorei e a abracei. No dia seguinte, fui para o trabalho e pensei em tudo quanto havia acontecido. Fui tomado por um profundo sentimento de amor por Betsy, e sabia, em meu coração, que jamais poderia privá-la de ter outro filho. A princípio, ela ficou confusa, pois sabia como eu estava sendo inflexível até então. No entanto, antes que a noite terminasse, ela percebeu que meu coração havia mudado com sinceridade, e agora eu queria que tivéssemos outro bebê. Por isso, como você já pode imaginar, ficamos muito entusiasmados com a criança que agora está no ventre de Betsy.

Balancei a cabeça de modo afirmativo. Meus olhos se encheram de lágrimas. Por fim, quando me senti em condições de voltar a falar, disse:

— Não me lembro de já ter visto, em algum momento da vida, tamanha demonstração de amor. Acho que Deus tem grandes planos para essa criança.

O amor não exige que as coisas sejam feitas à sua maneira, mas busca o bem-estar da pessoa amada. É uma atitude de amor que nos conduz à solução dos conflitos. Exigir que as coisas sejam feitas à nossa maneira só serve para levar o casal a brigas e discussões.

Uma atitude de cooperação

No mundo dos esportes, o sucesso depende do trabalho em equipe. Seja no futebol, no basquete ou na Fórmula 1, todos os membros da equipe têm um trabalho a realizar. Quando os integrantes do time coordenam seus esforços, aumentam a possibilidade de alcançar seus objetivos. O casamento é uma equipe de duas pessoas — um homem e uma mulher. A partir de uma perspectiva bíblica, pode-se dizer que o propósito do casamento é levar a vida juntos, para a glória de

Deus. O casamento não é uma questão de "eu e minha felicidade", mas de duas pessoas descobrindo os planos de Deus para sua vida e fazendo o possível para cumpri-los.

O marido e a mulher levam uma grande variedade de capacidades para o casamento. Quando um passa a ver o outro como um companheiro de equipe, percebe que o objetivo do jogo não é competir entre si, mas cooperar. É essa atitude de cooperação que gera um clima de resolução para os conflitos. Eles são inevitáveis, mas se os cônjuges se comprometem a trabalhar juntos, como um time, então são capazes de atacar a raiz de seus problemas, e não um ao outro. Uma atitude de cooperação segue esta lógica: "Não permitiremos que isso nos derrote. Vamos encontrar uma resposta para esse problema".

Chuck e Rhonda enfrentaram um grande conflito por causa do comportamento do filho de dois anos, chamado Caleb. Chuck achava que a melhor maneira de o disciplinar era com palmadas. Afinal de contas, era assim que os pais de Chuck agiam com ele quando era criança, e isso não havia criado nenhum trauma na vida dele. Rhonda, por sua vez, acreditava que bater na criança seria um ato de barbárie. Ela não se lembrava de ter apanhado dos pais uma vez sequer na vida. Minha primeira pergunta foi esta:

— Vocês desejam que Caleb tenha dois pais ou um?

— Bem... dois — respondeu Chuck, enquanto Rhonda balançava a cabeça, concordando.

— É claro que sim — continuei. — E vocês querem que cada um dos pais faça apenas o que considera certo, ou preferem que eles compartilhem um mesmo plano de jogo?

— É importante que concordemos sobre isso — disse Chuck. — O que estamos fazendo até agora não está funcionando. E ainda está destruindo o nosso casamento.

— Eu fico arrasada quando ele bate em Caleb — comentou Rhonda.

— Não quero que ele cresça um menino irresponsável.

— Eu também não!

Precisei intervir.

— Vocês dois parecem ter o mesmo objetivo em mente. Ambos desejam que Caleb cresça e se torne um jovem responsável.

Chuck e Rhonda balançaram a cabeça afirmativamente.

— O conflito reside no método empregado para alcançar esse objetivo. Podemos concordar que vocês são companheiros de equipe, e não inimigos, não é?

— De uns tempos para cá, temos nos comportado como se fôssemos inimigos — disse Rhonda — mas acredito que ambos queremos nos tornar companheiros de time.

— É fundamental que vocês dois reforcem essa atitude — respondi — pois se continuarem a se tratar como inimigos, Caleb provavelmente crescerá como uma criança irresponsável. Agora, gostaria que vocês dois segurassem as mãos um do outro e repetissem o que vou dizer...

Os dois pareceram um pouco chocados, mas Chuck tomou as mãos de Rhonda nas suas.

— Somos companheiros de equipe — recomecei.

— Somos companheiros de equipe — repetiram Chuck and Rhonda.

— Vocês acreditam nisso? — perguntei.

— Sim — responderam em uníssono.

— Então está na hora de começar a agir dessa maneira.

Eu os incumbi de uma tarefa por escrito, que teria de ser realizada durante a semana seguinte. Eles deveriam procurar saber o que outros casais achavam de dar palmadas como forma de disciplinar os filhos, e descobrir o que especialistas no desenvolvimento infantil escreveram sobre a questão. Depois que Chuck e Rhonda fizeram a pesquisa e discutimos em mais detalhes as descobertas que haviam feito, Chuck passou a entender que há mais de um modo de disciplinar uma criança; Rhonda, por sua vez, aprendeu que algumas palmadas aplicadas num contexto de amor não é algo tão selvagem quanto ela supunha.

Por fim, decidiram criar três níveis de reação diante do comportamento rebelde de Caleb: o nível 1 era o da repreensão verbal; o nível 2 era o da perda de privilégios; o nível 3 era o das palmadas. Ambos concordaram em observar qual tipo de disciplina parecia funcionar melhor na mudança de comportamento de Caleb. Também chegaram juntos à conclusão de que deveriam continuar a fazer leituras a respeito do assunto e assistir às aulas de um curso dirigido a pais de crianças em idade pré-escolar, oferecido na igreja que freqüentavam. Foi a atitude de cooperação que estabeleceu os fundamentos sobre os quais Chuck e Rhonda foram capazes de criar um plano positivo de disciplina para o filho. Sem essa atitude, eles provavelmente continuariam a discutir até que Caleb chegasse à adolescência.

Em suma: é uma atitude de respeito, de amor e de cooperação que pode conduzir à solução de conflitos. A boa notícia é que podemos escolher nossas atitudes todos os dias. Infelizmente, nosso padrão de comportamento é egoísta, o que nos leva a declarar: "Meu jeito de fazer as coisas é o jeito certo". Por natureza, todas as pessoas só querem saber de si, e é por isso que as discussões e brigas são tão comuns no casamento.

No entanto, com a ajuda de Deus, podemos optar por uma atitude de respeito, amor e cooperação. Muitos casais com os quais trabalhei acharam que seria interessante colocar as declarações a seguir em cartões e prendê-las num lugar bem destacado como forma de ajudá-los a optar por uma atitude vitoriosa diariamente:

- Escolho respeitar as idéias de meu cônjuge mesmo quando não concordo com ele.
- Escolho amar meu cônjuge e fazer tudo quanto eu puder para ajudá-lo hoje mesmo.
- Escolho crer que eu e meu cônjuge somos companheiros de equipe, e que, com a ajuda de Deus, podemos encontrar soluções para nossos conflitos.

Optar por uma atitude de respeito, amor e cooperação leva os cônjuges a ouvir um ao outro com toda a atenção. No próximo capítulo, discutiremos como ouvir com empatia.

Colocando os princípios em prática

1. Decore a declaração a seguir e use-a com seu cônjuge da próxima vez que vocês estiverem enfrentando algum tipo de conflito: "Tenho certeza de que podemos resolver esse problema de um modo positivo para ambas as partes. Vamos conversar a respeito dessa questão. Quais são as suas idéias?".
2. Demonstrar respeito pelas opiniões do cônjuge gera uma atmosfera positiva. Decore a declaração a seguir e use-a com seu cônjuge da próxima vez que vocês estiverem enfrentando algum tipo de conflito: "O que você está dizendo faz sentido para mim. Agora, permita-me compartilhar minhas opiniões e veja se elas fazem sentido para você".

3. Pessoas egoístas procuram impor suas idéias às outras. Pessoas amorosas se esforçam para fazer o que é melhor para os outros. Avalie-se e atribua a si mesmo uma classificação, colocando um "x" sobre a linha no ponto que melhor indique sua atitude em relação ao cônjuge:

   Egoísta .... Amoroso

4. Adotar uma atitude de respeito, amor e cooperação permite encontrar soluções para os conflitos em que as duas partes saiam vencedoras. Até que ponto você se considera uma pessoa preparada para mudar de atitude?

4

Para resolver conflitos é preciso saber ouvir

Pela própria natureza e definição, os conflitos revelam que duas pessoas possuem opiniões divergentes, e que cada uma delas defende, com unhas e dentes, seu ponto de vista. Junto com todo conflito ergue-se uma bandeira que tremula ao vento com os dizeres: "Dedique tempo para ouvir a outra parte". Os conflitos não podem ser resolvidos se não houver disposição de ouvir com atenção o que o outro tem a dizer. É uma questão de empatia.

Uso a palavra "empatia" porque muitos cônjuges acreditam que estão ouvindo um ao outro, quando, na verdade, estão simplesmente recarregando sua munição verbal. Saber ouvir com empatia significa procurar entender o que o outro está pensando e como ele se sente. É como nos colocar no lugar dessa pessoa e tentar olhar o mundo através dos olhos dela. Quer dizer que devemos deixar de lado as armas verbais e trocá-las pelo desejo genuíno de compreender o ponto de vista do cônjuge. É preciso se concentrar totalmente naquilo que a outra pessoa está dizendo, em vez de ficar imaginando de que maneira devemos reagir ao que está sendo dito.

Reforce a importância do relacionamento

O processo de ouvir com empatia tem início quando você reafirma a importância do relacionamento conjugal. No momento em que os conflitos surgem, passe para o estágio da solução do problema declarando, de modo cuidadoso, qual é o seu objetivo: "Eu quero ouvir o que você tem a me dizer porque sei que isso é importante e valorizo nosso relacionamento". Sugiro que você escreva essa frase num cartão e a leia para si em voz alta uma vez por dia até memorizá-la, de modo que, ao surgir o conflito, você esteja em condições de declarar seu objetivo.

Reforçar a importância de seu relacionamento conjugal é uma maneira de optar conscientemente por assumir o papel da pessoa que sabe ouvir com empatia — aquela que procura descobrir os pensamentos e os sentimentos do cônjuge. Se você não fizer um esforço para se lembrar de que é a pessoa que sabe escutar, então é provável que a situação se inverta e sua posição passe a ser a daquele cônjuge que só quer saber de discussões.

Lembro de um homem chamado David, que me contou o seguinte:

> O comentário que o senhor fez, sobre o cônjuge fazer a opção de se tornar a pessoa disposta a ouvir, foi muito útil para mim. Fui para casa e fiz um pequeno cartaz com os dizeres: "Eu sei ouvir". Toda vez que eu e Joanne enfrentamos um conflito, ponho aquele cartaz em volta do pescoço para me lembrar do que devo fazer. Minha esposa sempre sorri e diz: "Espero que seja verdade". O cartaz ajuda a me lembrar que devo ouvir antes de falar.

Valendo-se desse simples expediente, David se disciplinou para saber ouvir com empatia. A maioria das pessoas precisará de algum treinamento antes de se tornar capaz de ouvir com empatia, pois somos, por natureza, gente que gosta mesmo é de falar. Por meio de uma pesquisa, chegou-se à conclusão de que, as pessoas ouvem, em média, por apenas dezessete segundos antes de interromper as outras para dar sua opinião. Essa tendência à reação imediata é justamente o que dispara o mecanismo das brigas e discussões.

Natalie e Hunter estavam casados havia quinze anos quando me procuraram para receber aconselhamento. Natalie estava quase no limite, a ponto de romper o relacionamento. Quando perguntei a ela sobre a natureza do problema, sua resposta foi a seguinte:

— Ele nunca me ouve. A única coisa que fazemos o tempo todo é discutir. Não conseguimos chegar a nenhum acordo. Já estou doente de tanto brigar.

Quando procurei saber a opinião de Hunter, ele comentou:

— Não brigamos o tempo todo. Passamos por alguns bons momentos juntos. Na verdade, passamos por mais momentos bons do que ruins. O problema é que, quando ela fica aborrecida por causa de alguma coisa, quer que eu concorde com tudo o que ela diz. Acontece que nem sempre sou da mesma opinião, e aí começamos a discutir. Não acho que briguemos mais do que os outros casais por aí.

— Eu não estou nem aí para os outros casais — interrompeu Natalie. — Só me importo com o que está acontecendo entre você e eu. Você nem me conhece direito porque nunca me ouve por tempo suficiente para descobrir quem sou. Está sempre com a razão em tudo. Você nem sequer tem tempo para ouvir minhas opiniões, como é que poderia discordar delas?

Quando olhei novamente para Hunter, ele disse:

— Acho que isso é muito mais sério do que eu imaginava.

— De tudo o que Natalie disse, o que você entendeu? — perguntei.

— Ouvi quando disse que eu não sei direito quem ela é. E é possível que ela tenha mesmo razão quanto a isso.

— Você gostaria de conhecê-la melhor?

— Não sei. Pode ser que eu tenha de escutar coisas das quais não vou gostar.

— Mas, se você estiver certo — instiguei — o que seria melhor: ouvir as coisas que ela tem a dizer ou permitir que Natalie se feche em silêncio total e nunca fale a respeito das coisas que ela pensa ou sente?

— Eu prefiro ouvir o que ela tem a dizer — Hunter respondeu.

— Então, por que vocês não passam os próximos dez minutos ouvindo um ao outro? Eu e você ouviremos o que Natalie tem a dizer, e ela descreverá para nós como enxerga o relacionamento conjugal. Você e eu ficaremos em silêncio. Não devemos retrucar nada que ela disser. Tentaremos simplesmente entender o que está se passando na mente de Natalie. Pode ser que você não goste de algumas coisas que ela venha a dizer, e também é provável que não concorde com tudo o que vai ouvir, mas, por enquanto, estamos apenas tentando descobrir o que ela está pensando e como ela se sente. Posso fazer uma ou duas perguntas a Natalie para estimular seu raciocínio, mas não quero que você diga nada, Hunter. Só quero que ouça o que ela tem a dizer.

Nos dez minutos seguintes, Hunter ouvia enquanto Natalie falava. Aquela foi a primeira das "sessões de escuta" que repetimos ao longo de três meses. Por meio desse processo, Hunter deu o primeiro passo para resolver os conflitos do casal.

Nos estágios iniciais do processo de aprender a ouvir, os casais costumam achar interessante a idéia de determinar uma quantidade de tempo para que cada cônjuge tenha oportunidade de se pronunciar e o outro apenas ouvir. Uma vez que desenvolvam a arte de ouvir, os dois podem deixar de usar os artifícios para restringir o diálogo, e as sessões de escuta assumirão um tom de conversação.

Mas é importante que não pulem etapas — primeiro, devem aprender a ouvir.

Deixe bem claro o que você entende daquilo que seu cônjuge diz

O segundo passo para aprender a ouvir com empatia é esclarecer o que você entende das coisas que seu cônjuge diz. Trata-se da clássica técnica da "escuta ativa", na qual você apenas repete para seu cônjuge aquilo que acha que ele acabou de dizer, sem formular nenhum juízo positivo ou negativo. David, o marido que colocava o cartaz com os dizeres "Eu sei ouvir" pendurado no pescoço, disse à esposa Joanne:

— O que estou entendendo do que você diz é que fica chateada porque não levo o lixo para fora todos os dias por iniciativa própria, sem precisar que me peça. O que ouço você dizer é que gostaria que eu assumisse essa incumbência e a levasse a sério. Por isso, quando precisa me lembrar do que devo fazer, você se sente como se fosse a minha mãe, algo que não deseja ser. Tudo o que deseja é ser minha companheira. Na verdade, você não chegou a falar essa última parte, mas sinto que é isso que está querendo dizer. Acertei?

— Sim, é isso mesmo — ela respondeu. — Quero ser apenas sua companheira, e a coisa fica muito complicada quando preciso ficar lembrando você, todos os dias, que precisa dar conta dessa tarefa tão simples. Tenho tantas coisas para fazer, especialmente depois da chegada do bebê. Levar o lixo para fora é apenas uma coisinha com a qual eu gostaria de não ter de me preocupar.

— Das coisas que você está dizendo, posso entender que está se sentindo sobrecarregada desde a chegada do bebê. E se eu levasse todo dia o lixo para fora sem que você tivesse de pedir, isso ajudaria a aliviar o peso de suas atividades.

— Isso mesmo. É uma coisa muito simples, mas significa muito para mim.

— Eu posso entender o que você está dizendo — disse David — e posso fazer isso, sem problemas. A qual hora do dia você prefere que eu faça essa tarefa?

— Toda noite, logo depois do jantar — respondeu Joanne — antes de se envolver em outras atividades. Se você deixa para fazer isso no dia seguinte, pela manhã, o lixo fica fedorento demais, e não gosto de começar o dia com a lata de lixo cheia até a borda.

— Tudo bem, farei isso. Eu não tinha idéia de que fosse uma coisa tão importante para você.

— Estou falando isso com você há meses — continuou Joanne.

— Sim, eu sei que tem falado — concordou David — mas acho que nunca dei ouvidos ao que você dizia. Da próxima vez que você ficar aborrecida comigo, lembre-me de colocar meu cartaz no pescoço, de modo que eu possa ouvir, de fato, o que você está dizendo.

David fez perguntas de esclarecimento para se certificar de que havia compreendido as coisas que Joanne desejava. Se não fizesse aquelas perguntas, ele provavelmente jamais saberia o que a esposa pensava e sentia de fato. Ele também descobriu o motivo daquele desejo de Joanne e como aquilo influenciava os sentimentos dela em relação a ele. Uma vez esclarecidos e compreendidos os pensamentos e sentimentos de Joanne, David estava apto a reagir de maneira inteligente e amorosa. Levar o lixo para fora todos os dias sem que a esposa precisasse pedir era um esforço muito pequeno, se comparado ao efeito positivo que proporcionaria ao relacionamento conjugal.

Se David não tivesse feito aquelas perguntas esclarecedoras, ele e Joanne poderiam ter se envolvido numa longa discussão sobre os prós e os contras de um deles ter de levar o lixo para fora diariamente. A briga os levaria a se sentir distantes, magoados e tristes.

Em vez disso, ouvir com empatia conduziu aquele conflito a uma solução saudável.

Dedique atenção total a seu cônjuge

O terceiro aspecto dessa escuta com empatia é que, com isso, você pode dedicar atenção total a seu cônjuge. Não tente assistir à televisão, ler uma revista ou beber um refrigerante enquanto está ouvindo o seu cônjuge. Um dos propósitos de ouvir com empatia é garantir que a outra pessoa saiba que ela está sendo ouvida com atenção. Quando deixamos todos os demais afazeres e distrações de lado para dedicar atenção total ao cônjuge, estamos dizendo a ele que o relacionamento é mais importante do que qualquer outra coisa. Sem dizer uma palavra sequer, estamos transmitindo a mensagem de que desejamos saber o que nosso cônjuge está pensando ou sentindo.

Concentrar a atenção é ainda mais eficaz se esse gesto for acompanhado de contato visual com o outro, de gestos de confirmação nos momentos apropriados, da disposição de evitar brincadeiras com uma caneta ou olhares pela janela enquanto o cônjuge fala. Além disso, lembre-se de, em qualquer circunstância, nunca sair do aposento quando ele estiver falando.

Se você é como algumas pessoas, dedicar atenção total ao cônjuge pode ser uma tarefa muito difícil. Lembro de uma mulher que comentou comigo:

> Só tenho duas horas livres depois do jantar, quando colocamos as crianças para dormir. Tenho mil coisas para fazer. Se meu marido tem um problema, ele gosta que eu fique sentada e ouça o que ele tem a dizer. Digo-lhe que posso ouvi-lo enquanto dobro as roupas para guardar nas gavetas. Mas não, ele quer que eu fique olhando ao

> mesmo tempo que o ouço. Pare para pensar um pouco: por que ele não dobra as roupas enquanto estou dando banho no bebê? Aí pode ser que eu tenha como dedicar atenção total.

Para essa mulher, o grande volume de tarefas caseiras tornava difícil dedicar atenção total ao marido. Muitos homens, por sua vez, se orgulham de ser capazes de fazer três coisas ao mesmo tempo. É como um marido contou, certa vez:

> Sou um cara muito ativo e polivalente. Não consigo nem me imaginar fazendo uma coisa só. Quando minha esposa insiste que eu sente e ouça as coisas que ela deseja me dizer, sinto-me como se estivesse numa camisa-de-força. É como se eu estivesse perdendo meu tempo. Não teria dificuldade nenhuma em ouvi-la enquanto leio o relatório que preciso apresentar no dia seguinte. Ela fica furiosa quando tento fazer isso. Mas, com toda sinceridade, sou capaz de ouvir tudo o que ela diz e ler meu relatório ao mesmo tempo.

Esse marido está sendo absolutamente sincero, mas demonstra pouca compreensão da dinâmica dos relacionamentos humanos. Aqui está a mensagem que a dedicação total de atenção transmite: "Você é a pessoa mais importante de minha vida. Quero saber o que você pensa e como se sente porque valorizo nosso relacionamento". Veja agora que mensagem é transmitida ao cônjuge quando estamos fazendo outra coisa na hora de dar atenção a ele: "Você é um entre vários interesses que possuo. Por favor, continue a falar, estou ouvindo". Pessoas que se propõem a escutar, mas se deixam distrair por outras coisas, costumam se surpreender quando percebem que o cônjuge parou de falar, saiu do aposento e foi para o quarto, às vezes para chorar. Para ouvir com empatia é necessário dedicar atenção total ao cônjuge.

Fale de suas idéias apenas depois de ter certeza de que seu cônjuge se considera compreendido

A quarta característica da pessoa que sabe ouvir com empatia é que ela nunca expõe seu ponto de vista enquanto não tem certeza de que o cônjuge se considera compreendido. O erro mais comum cometido pelos casais, quando procuram se comunicar, é um cônjuge responder antes de ter uma visão ampla da opinião do outro. Isso leva, inevitavelmente, a brigas e discussões. Ouça enquanto sentir que seu cônjuge tem alguma coisa a dizer. Lance mão de perguntas de esclarecimento para ter certeza de que você compreendeu o que seu marido ou sua esposa está pensando e como está se sentindo. Quando seu cônjuge demonstrar claramente que tem certeza de que foi bem compreendido, aí então é hora de você entrar com seu ponto de vista.

Geralmente, a melhor maneira de determinar a hora certa para isso é fazer uma série de perguntas:

- "Você sente que compreendi tudo o que está me dizendo?" Se o seu cônjuge responder "não", permita que ele continue explicando.
- "Você acha que entendi como está se sentindo?" Mais uma vez, se a resposta for negativa, espere enquanto a outra pessoa se explica melhor.
- Quando a resposta a ambas as perguntas é "sim", então você pode perguntar: "Posso dizer-lhe o que penso e sinto a respeito desse assunto?". Se o cônjuge concordar, então prossiga e exponha seu ponto de vista. Ele passa a desempenhar o papel daquele que escuta.

O fato de seu cônjuge sentir que foi ouvido e compreendido torna bem mais fácil sair do estágio da briga para o da dedicação total de atenção. A partir daí, ele pode dizer, com toda a sinceridade: "Estou pronto para ouvir o que você tem a dizer, pois sinto que entende minhas preocupações. Sei que você tem um ponto de vista tão válido quanto o meu, e quero conhecê-lo". Nesse momento, seu cônjuge lhe dedicará atenção total, repetindo o que ouve e fazendo perguntas de esclarecimento até que você sinta que ele o ouviu e compreendeu.

Quem ouve com empatia ajuda a criar um ambiente emocional positivo. A discussão gera um clima emocionalmente pesado. Os conflitos são resolvidos com mais facilidade quando a atmosfera é amigável, e não quando há animosidade no ar.

Se David não tivesse conseguido colocar em prática essa empatia na escuta quando Joanne mencionou pela primeira vez suas preocupações com o lixo, ele provavelmente teria dito: "Tudo bem, vou colocar o lixo lá fora. Não encha mais minha paciência com isso, certo?". A conversa acabaria ali mesmo, mas o conflito não teria sido resolvido. Eles foram capazes de encontrar, com facilidade, a solução para o problema que estavam enfrentando porque ele ouviu o ponto de vista da esposa antes de responder. Quando as pessoas respondem de imediato, costumam abordar a questão errada. É preciso ouvir tempo suficiente — e fazer perguntas de esclarecimento — para descobrir o que está, de fato, na essência das queixas que o cônjuge apresenta.

Muitas vezes, o conflito verdadeiro não tem nada a ver com o futebol ou com a cor da tinta que será usada na pintura das paredes do banheiro; está relacionado com as diferenças de personalidade ou com as necessidades emocionais que não foram atendidas. Por exemplo, pessoas que possuem uma personalidade controladora se sentirão emocionalmente inseguras se as coisas não forem feitas de um modo sistemático e com certo nível de perfeição. Já as pessoas que sofrem com algum comprometimento na auto-estima podem se sentir péssimas se o cônjuge demonstra expectativas elevadas demais. Essa sensação pode levar tanto ao *contra-ataque*, na tentativa de mostrar seu valor, quanto ao recolhimento a um silêncio próprio de quem está sofrendo.

Ouvir com empatia permite que ouçamos o que está além das palavras usadas pela outra pessoa, ou nas entrelinhas do que ela diz. Por meio desse tipo de escuta, procuramos compreender os sentimentos que se escondem atrás das palavras e descobrir por que a outra pessoa tem uma opinião tão arraigada sobre aquela questão. A compreensão gera um clima emocional favorável, no qual os conflitos podem ser resolvidos.

Quando Natalie disse a Hunter que ele não a conhecia direito, ela finalmente conseguiu cativar a atenção do marido. Depois que Hunter aprendeu a colocar em prática a habilidade de ouvir com empatia, ele me disse:

> Essa tem sido a experiência mais inspiradora de minha vida. Ninguém jamais havia me ensinado a ouvir. Por que nunca tive uma aula sobre isso na faculdade? Poderia ter ajudado a evitar quinze anos de discussões e brigas. Eu mal consigo acreditar que fiz Natalie passar por tanto sofrimento durante todos esses anos só porque não conseguia dar atenção ao que ela me dizia. Cheguei até a acreditar que aquelas discussões eram apenas parte normal da vida conjugal. Eu supunha que todos os casais discutiam tanto quanto nós. É impressionante constatar como me sinto mais íntimo dela hoje em dia. Agora sinto que a conheço de fato. E o que é mais importante: *ela* sente que eu a conheço.

Hunter aprendeu o grande poder que existe na escuta com empatia. A maioria de nós, porém, tem pouca experiência nisso. Por esse motivo, mudar o padrão de comportamento baseado em discussões e brigas por outro que valorize a comunicação é uma tarefa que exigirá tempo e esforço. Essa capacidade de ouvir com empatia requer uma mudança de mentalidade. Ouvir o cônjuge se expressar com clareza é uma questão de escolha consciente. O ambiente adequado a esse tipo de escuta é gerado quando um cônjuge diz ao outro: "Quero ouvir o que você tem a dizer porque sei que isso é importante para nós, e valorizo muito o nosso relacionamento".

Tendo deixado bem claro o seu objetivo, dedique ao cônjuge atenção total. Feche o livro e deixe-o de lado; desligue a televisão e largue a caneta sobre a mesa. Quando seu cônjuge terminar de falar, repita o que entendeu do que ele disse, fazendo comentários bem claros, do tipo: "O que entendi você dizer é que..."; ou: "Acho que você quis dizer que... Foi isso mesmo?". Continue fazendo perguntas de esclarecimento até que seu cônjuge demonstre, sem nenhuma dúvida, que ele sente que foi ouvido e compreendido. Embora esse tipo de escuta possa parecer um pouco complicada para ser aprendida, é muito gratificante porque conduzirá o casal a um nível mais elevado de compreensão mútua.

Colocando os princípios em prática

1. Decore esta declaração e use-a com seu cônjuge da próxima vez que enfrentarem algum tipo de conflito: "Quero ouvir o que tem para me dizer porque sei quanto isso é importante para você e porque valorizo nosso relacionamento".

2. Pense na possibilidade de fazer um pequeno cartaz com os dizeres: "Eu sei ouvir". Pegue-o e segure-o enquanto seu marido ou sua esposa estiver falando.
3. Da próxima vez que seu cônjuge estiver expondo uma opinião, tente responder desta maneira: "O que estou ouvindo me leva a entender que... É isso mesmo?".
4. Quando seu cônjuge começar a falar, feche a revista ou desligue a televisão, e dedique-lhe atenção total. Olhe em seus olhos enquanto estiver ouvindo.
5. Não emita sua opinião enquanto não receber uma resposta positiva para as três perguntas a seguir:
   "Você consegue sentir que compreendi o que você estava dizendo?"
   "Você sente que respeito suas opiniões?"
   "Acha que o momento já é adequado para eu começar a falar o que penso sobre o assunto?"
6. Depois de cada conversa, use uma escala de um a dez para classificar até que ponto você conseguiu seguir as sugestões acima.

5

Saber ouvir conduz à compreensão

Julie e Brian estavam discutindo se deveriam ou não visitar os pais dela.

— Estivemos lá há apenas duas semanas — reclamou Brian.

— Eu sei — concordou Julie — mas no próximo domingo minha mãe faz aniversário.

— Então mande um cartão para ela.

— Não acredito no que você está me dizendo! Você é o sujeito mais egoísta que já conheci.

— Bem, então isso quer dizer que você não conheceu tanta gente assim. Não sei de um homem sequer que goste de visitar os sogros a cada quinze dias.

— Não estou pedindo a você para ir na casa de meus pais a cada quinze dias.

Depois de dizer isso, Julie começou a chorar e saiu do quarto. Brian e Julie nunca aprenderam a ouvir um ao outro com empatia. Mas agora tentemos imaginar que eles tivessem lido o capítulo 4, e tentassem esse tipo de escuta no relacionamento. A conversa teria sido mais ou menos assim:

— Por que você quer ir na casa de seus pais novamente no próximo fim de semana? Estivemos lá há apenas duas semanas.

— Eu sei, mas no próximo domingo minha mãe faz aniversário.

— Essa questão de aniversários é muito complicada na família?

— É, sim. Eu e minha irmã fazemos um jantar de aniversário para mamãe todo ano desde que tínhamos cinco anos de idade. Ainda lembro daquela primeira vez, quando papai nos ajudou a preparar e decorar vários bolos em forminhas.

— Então sua irmã estará lá no sábado?

— Ah, com certeza. Ela não perderia isso por nada.

— E o marido dela também irá?

— A não ser que ele precise trabalhar, deve ir. De vez em quando, ele está de plantão no dia do aniversário de minha mãe e não consegue dispensa.

— Você quer que eu a acompanhe? Ou prefere ir sozinha?

— Queria que você fosse comigo, Brian. É uma dessas coisas de família, e seria bom que você fizesse parte dessa comemoração.

— Tudo bem. Então, numa escala de um a dez, até que ponto você deseja que eu vá também?

— Dez.

— Tudo bem, então eu vou.

— Ah, Brian, como eu amo você.

Por que as coisas ficaram tão diferentes no segundo cenário? Porque Brian ouviu com empatia antes de dar uma resposta. Esse tipo de escuta permitiu-lhe compreender quão importante era para Julie aquela festa de aniversário, e quanto ela desejava que ele participasse da celebração.

É preciso considerar o outro lado da questão, pois Brian também tem suas opiniões. Ele deseja que seu relacionamento com Julie seja pautado pela sinceridade, por isso diz a ela:

— Quer saber por que eu estava hesitando tanto, a princípio, entre ir ou não à casa de seus pais neste sábado?

— Presumi que fosse porque estivemos lá há apenas duas semanas.

— Em parte, foi mesmo por isso, mas há outros motivos além desse. Você gostaria de saber que motivos são esses?

Brian está tentando ajudar Julie a passar para o estágio da escuta.

— Sim, gostaria — diz Julie, que senta no sofá e olha para o marido, interessada no que ele tem a dizer.

— Fui convidado a jogar bola com o pessoal da igreja — ele prossegue. — Fiquei muito entusiasmado com esse convite. Você sabe como gosto de jogar uma bolinha de vez em quando. Mas quando percebi como a visita à casa de seus pais era importante para você, senti que estarmos juntos era uma prioridade maior do que o jogo com a turma da igreja.

— Ah, Brian, agora amo você ainda mais. Mal posso acreditar que você está disposto a abrir mão do jogo para poder ficar com minha família.

Depois de pensar por algum tempo, Julie pergunta:

— A que horas é o jogo com a turma da igreja?

— Às duas da tarde. Por que você está perguntando?

— Acaba de me ocorrer que talvez você pudesse jogar e ir até a casa de meus pais depois da partida. O jantar não sai antes das seis. Talvez você até chegue um pouquinho atrasado, mas não teria problema. Numa escala de um a dez — Julie abre um sorriso — até que ponto você quer participar desse jogo de futebol?

— Quer saber de verdade?

— Com certeza — ela diz, ainda sorrindo.

— Mais ou menos nove.

— Então, vamos fazer desse jeito mesmo. Não vou ficar nem um pouco aborrecida se você chegar na casa de meus pais um pouquinho mais tarde.

— Mas isso vai exigir que usemos os dois carros — Brian argumenta. — Assim, não estaremos juntos na ida nem na volta.

— A gente compensa quando chegar em casa.

— Você está falando sério mesmo?

— Sim, estou.

— Julie, você é uma mulher incrível. Eu a amo demais.

No cenário que acabamos de ver, foram os esforços de Julie para ouvir com empatia os motivos de Brian que a levaram a entender como aquele jogo era importante para o marido. Tanto ele quanto ela demonstraram uma atitude de respeito, amor e cooperação, o que os levou a uma solução para o conflito na qual ambos saíram vencedores.

Muitos casais discutem e brigam por causa dos conflitos, em vez de resolvê-los, porque os cônjuges nunca conseguem entender o ponto de vista um do outro. Cada um gasta sua energia defendendo a própria opinião, em vez de procurar compreender a perspectiva do outro. A compreensão envolve os quatro objetivos a seguir, e todos podem ser alcançados se houver disposição de ouvir com empatia:

Entenda o que seu cônjuge está dizendo de fato

Essa tarefa não é tão simples quanto pode parecer. Na verdade, um dos erros mais comuns que os cônjuges cometem é o de reagir àquilo que *pensam* ter ouvido o outro dizer, sem entender *realmente* o que foi dito. Por exemplo, a interpretação inicial que Brian fez daquilo que Julie lhe disse era que a esposa queria visitar os pais duas vezes por mês. Esse mal-entendido estimulou emoções negativas. No entanto, ele ainda não ouvira o que Julie estava dizendo de fato. Ela se referia a um jantar de aniversário, a uma longa tradição e aos valores de sua família. Se Brian tivesse escutado com empatia, teria ouvido e compreendido o que Julie considerava realmente importante.

Ouça os sentimentos do cônjuge

Nesse encontro inicial com Julie, se Brian tivesse demonstrado disposição de ouvi-la, teria compreendido que a esposa estava expressando seu sofrimento, sua decepção e sua raiva. Mas por não ouvi-la com empatia, Brian não conseguiu *ouvir* esses sentimentos. Sua incapacidade de ouvir fez Julie chorar, e o conflito continuou sem solução.

Descubra o que é realmente importante para seu cônjuge, e por quê

Se Brian tivesse optado pela escuta com empatia, teria descoberto porque era tão importante para Julie ir à casa dos pais. Tratava-se de uma longa tradição, acompanhada da gostosa sensação de ver toda a família reunida. Brian teria percebido que Julie queria a companhia do marido porque esse desejo estava atrelado ao valor que ela dava aos encontros familiares. Da mesma maneira, se Julie tivesse ouvido Brian com empatia, teria descoberto por que jogar no time de futebol do pessoal da igreja era tão importante para ele. Era uma honra ser selecionado. Ademais, aquele jogo estava diretamente ligado ao senso de auto-estima do marido, além de demonstrar o compromisso dele com os companheiros de time.

Avalie até que ponto seu cônjuge está envolvido na defesa de seu ponto de vista

Usar uma escala de um a dez é um modo bem fácil de determinar quão envolvido seu cônjuge está na defesa de sua opinião sobre um assunto. Na verdade, esse costuma ser o ponto de partida mais prático quando se tenta compreender as razões do cônjuge. Se você e seu marido ou sua esposa estão falando sobre as compras de Natal, por exemplo, pergunte: "Numa escala de um a dez, até que ponto é importante para você que eu o acompanhe nas compras?". Se o cônjuge responde com algum número entre sete e dez, e seu desejo está na faixa de um a quatro, então você já sabe que, se há mesmo disposição de resolver o conflito, então é bom passar para o estágio da escuta o mais rápido possível.

Aí então você pode perguntar: "Quando você pretende sair para fazer as compras? Por quanto tempo você deseja que eu acompanhe? O que espera que eu faça para ajudá-lo durante esse período das compras?". Essas perguntas têm por objetivo determinar o que seu cônjuge deseja de fato. Em seguida, você pode perguntar: "Como você se sentiria se eu decidisse ficar em casa e não o acompanhar nas compras?" ou "Como você se sentiria se eu decidisse ir às compras com você?". As respostas a essas perguntas revelarão não apenas como seu cônjuge se sente, mas também que impacto sua decisão provocará no relacionamento.

A seguir, você pode perguntar: "Por que minha participação nas compras é tão importante?". Pode ser que você descubra que a razão pela qual seu cônjuge valoriza sua presença é que ele considera sua decisão uma forma de avaliar a saúde do casamento. Talvez os pais de sua esposa ou seu marido sempre fizessem juntos as compras de Natal, e por isso essa atividade evoque uma mensagem do tipo: "Adoramos ficar juntos". Ou então, é possível que você perceba que a importância de sua participação nas compras está no fato de seu cônjuge se achar uma pessoa pouco habilidosa na hora de escolher os presentes dos sogros, e precisa mesmo de sua ajuda.

São inúmeros os possíveis motivos para que o cônjuge considere tão importante sua companhia nas compras. Se você se dispuser a ouvi-lo com empatia, poderá descobrir não apenas o que ele está dizendo, como também o que ele está sentindo e por que essa questão é tão importante.

A sensação de ser compreendido e apoiado pelo cônjuge é um passo fundamental para gerar um ambiente favorável à solução dos conflitos. "Ouço o que você está dizendo, e tudo isso faz muito sentido para mim", eis uma declaração valiosíssima quando se trata de resolver conflitos. É isso que todo mundo deseja ouvir nas situações em que existe algum tipo de divergência. Todos nós desejamos ser compreendidos e receber afirmação.

Ouvir com empatia é exatamente o oposto da abordagem centrada em discussões e brigas, na qual as duas partes estão mais interessadas em defender suas opiniões do que em dedicar tempo para ouvir e entender o que o outro está dizendo, pensando e sentindo. Defender uma opinião sem antes ouvir soa como rejeição e condenação, o que alimenta ressentimentos e a adoção de uma postura defensiva. É por isso que as discussões conduzem ao distanciamento emocional. A escuta com empatia, porém, conduz à compreensão e à afirmação.

Quando o casal não consegue se entender, é pouco provável que seja capaz de resolver os conflitos que tiver de enfrentar positivamente. A compreensão é resultado dessa disposição de ouvir e fazer perguntas que ajudem a esclarecer o ponto de vista do outro. Quando os cônjuges entendem o que um está dizendo ao outro, por que uma questão pode ser tão importante para um deles, até que ponto o outro está disposto a defender sua opinião e as emoções associadas a seus desejos, só então podem oferecer respostas inteligentes e amorosas. Maridos e mulheres que se amam e dedicam tempo para compreender um ao outro serão capazes de resolver seus conflitos de modo saudável.

Colocando os princípios em prática

1. Muitos cônjuges discutem por causa dos conflitos que surgem entre eles, em vez de resolvê-los, porque nunca procuram entender o ponto de vista do outro. Aqui estão quatro perguntas que podem ajudar você a compreender as razões do cônjuge:
   "O que meu marido (ou minha esposa) está dizendo?"
   "Como minha esposa (ou meu marido) se sente?"
   "Por que isso é tão importante para ele (ou ela)?"
   "Numa escala de um a dez, até que ponto meu marido (ou minha esposa) deseja isso?"
2. Uma vez tendo compreendido as razões do cônjuge, você terá oportunidade de reagir de maneira inteligente e amorosa. Até que ponto sua reação ao conflito mais recente em seu casamento foi inteligente ou amorosa?

6

A compreensão conduz à solução

Ao longo deste livro, mostramos que os conflitos são inevitáveis. Não existe casamento sem eles. No entanto, os conflitos não precisam constituir fator de separação. Se o casal optar por uma atitude positiva, na qual as duas partes ganham, e um cônjuge se dispuser a ouvir o outro com sinceridade, os dois conseguirão compreender o que ambos pensam, sentem e desejam. Eles também descobrirão por que um ou outro tem determinada opinião, e até que ponto está disposto a defendê-la.

De posse dessa informação, você está em condições de resolver os conflitos de maneira positiva, e demonstra ser capaz de fazer esta pergunta: "Como podemos resolver este conflito de modo que ambos saiamos desse impasse nos sentindo amados e queridos?". A resposta a esse questionamento levará a soluções positivas. Ao fazer essa pergunta, você não está exigindo que as coisas sejam feitas à sua maneira; nem está procurando manipular o cônjuge para obrigá-lo a concordar com sua opinião. Está tentando encontrar uma solução que fará ambos — marido e mulher — se sentirem bem ao fim do processo.

Um casal que se compreenda e ame pode se concentrar na busca de uma solução que agrade ambas as partes, em vez de ficar se condenando. São dois amigos, não inimigos. Juntos, encontrarão uma solução positiva. Em geral, as soluções se encaixam em uma destas três categorias: o meio-termo, a opção por um dos lados e o adiamento da solução.

O meio-termo

Nessa modalidade de solução de conflitos, o casal encontra uma saída mais ou menos no meio do caminho entre o desejo original das duas partes. Ambos os cônjuges cedem parcialmente, abrindo mão de algumas coisas que reivindicavam, mas os dois também ganham parte daquilo que queriam. Algumas pessoas chamam esse tipo de abordagem de "chegar a um ajuste". No entanto, um ajuste enfatiza aquilo que as duas partes tiveram de ceder. Prefiro focar naquilo que ambos ganharam. "Meio-termo", em minha opinião, transmite a idéia de que o marido e a mulher concordaram numa solução que acreditam ser amorosa e benéfica para os dois.

Encontrei-me com John e Brenda em Mobile, no Alabama. Eles me procuraram depois de um seminário, e John disse, muito entusiasmado:

— Esta é a segunda vez que assistimos a um seminário seu. Participamos também no ano passado, quando o senhor esteve em Montgomery, e hoje trouxemos cinco casais de nossa igreja. Achamos tão importantes as coisas que o senhor ensina que queríamos que eles ouvissem também.

— Dê um exemplo específico do que vocês acharam importante no seminário — pedi.

Aqui está a história que aquele casal me contou. John e Brenda sabiam que seu velho carro, com mais de 360 mil quilômetros rodados, logo precisaria ser substituído. John queria comprar um carro novo, e Brenda preferia comprar um veículo usado. Eles perceberam que estavam diante de um conflito a respeito daquela questão na noite em que John voltou para casa e disse:

— Parei na concessionária da Buick hoje e levantei os preços de alguns modelos novos.

— Por que você fez isso? — questionou Brenda. — Não temos como comprar um carro novo.

— Carros novos não são tão mais caros assim em relação aos usados. Além disso, são muito mais confiáveis.

— Não se comprarmos um carro usado, mas de modelo recente, e com garantia.

— Eu não quero comprar uma lata velha que alguém já usou — respondeu John.

— Não estou falando em comprar uma lata velha — insistiu Brenda. — O que estou propondo é que encontremos um carro usado em bom estado e que não tenha muitos quilômetros rodados.

A cada troca de palavras, os dois aumentavam um pouco mais o tom da voz. Quando John percebeu que os dois já estavam gritando um com o outro, ele disse:

— Acredito que estamos diante de um conflito. Acho que me lembro de ter ouvido alguma coisa a respeito de soluções de conflitos naquele seminário do qual participamos no mês passado. Talvez precisemos pegar nossas anotações daquele evento.

— Vamos fazer uma coisa ainda melhor — continuou Brenda. — Acabei de ler o livro *As quatro estações do casamento*. Há um capítulo que trata da importância de ouvir o outro com empatia. Lembro de ter pensado, na hora que li esse trecho do livro, que ali estava um capítulo sobre o qual eu e você precisávamos conversar.

— Não quero que entremos em conflito a respeito do que devemos fazer, se é para ler o capítulo do livro ou recuperar as anotações do seminário — disse John, sorrindo. — Por isso, que tal você reler o capítulo e eu fazer o mesmo com as anotações? Amanhã à noite conversaremos sobre o que aprendemos sobre solução de conflitos. Tenho certeza de que não somos os únicos que já encontraram dificuldade com essa questão, e também acho que nem eu nem você deseja brigar por causa disso.

— Boa idéia. Mas não quero que nos metamos em dívidas ou compremos alguma coisa que não temos condição de pagar.

— Acho que ambos concordamos nisso. É evidente que não há concordância a respeito de comprar um carro novo ou um veículo usado. Mas, como somos inteligentes, tenho certeza de que vamos pensar em alguma coisa — disse John, puxando Brenda para si e a abraçando.

A essa altura da história, fiz um comentário:

— Tudo bem. Mal posso esperar para saber como vocês resolveram esse conflito.

Brenda foi a primeira a falar:

— Bem, primeiro conversamos sobre alguns dos principais conceitos que aprendemos em relação a ouvir um ao outro. Em seguida, procuramos aplicar esses conceitos à nossa situação. Depois de um ouvir o que o outro tinha para dizer, entendi que John sempre quis ter um carro novo. Ele dirigiu carros usados por toda a vida, e já vivera várias experiências desagradáveis por causa de problemas mecânicos, nas quais deixou de cumprir compromissos e passou por diversos inconvenientes.

— E eu aprendi — continuou John — que Brenda tinha uma preocupação sincera quanto à nossa situação financeira. Até então eu não tinha percebido que ela vivia sob grande pressão. Essa foi uma das coisas positivas que surgiram a partir do momento em que nos dispusemos a ouvir um ao outro. Enquanto ela crescia, o pai foi comprando carros usados confiáveis, e ela nem conseguia se lembrar de algum deles que tivesse parado por problemas mecânicos. Acho que minha experiência era com carros usados mais antigos, que nunca eram muito confiáveis.

— E aí, como foi que vocês finalmente resolveram esse conflito? — perguntei.

— Depois de um bom tempo dedicado a ouvir o outro — prosseguiu John — analisando várias alternativas, decidimos não comprar carro algum.

Tenho certeza que John percebeu a expressão de estranhamento em meu rosto, pois sorriu e continuou falando:

— Decidimos pegar um carro por *leasing* por três anos.

— As prestações mensais eram praticamente a mesma coisa — explicou Brenda — e era uma despesa que ambos sentíamos ter condições de pagar.

— Depois dos três anos — continuou John — nossa esperança é que estejamos numa situação financeira mais favorável, e aí então poderemos voltar a conversar se devemos comprar um carro novo ou usado.

John e Brenda constituem um exemplo que ilustra como abordar o tema soluçao dos conflitos de maneira positiva segundo a postura do "meio-termo". John conseguiu ter um carro novo e Brenda passou a contar com uma despesa mensal compatível com seu orçamento. Ambos acabaram se sentindo muito bem com a solução encontrada para o problema, e tanto um quanto outro se sentiu amado e apoiado. Muitos conflitos podem ser resolvidos pela abordagem do "meio-termo".

A opção por um dos lados

Tal como no caso da abordagem do tipo "meio-termo", esta envolve o mesmo processo de saber ouvir com empatia e compreender as opiniões e os sentimentos de ambas as partes. No entanto, a solução final fica por conta de um dos cônjuges, que faz a opção de abrir mão de seu ponto de vista para apoiar o outro.

Betty e Mark são exemplos de pessoas que adotaram essa forma de resolver os conflitos. Eles me procuraram em meu consultório porque estavam brigando havia três meses. Betty queria voltar para a faculdade e completar seus estudos. Ela havia abandonado o curso universitário no penúltimo ano, quando se casou com Mark. Eles se mudaram para uma cidade do outro lado do país, a pedido do patrão dele. Nove anos depois, voltaram à cidade natal.

Mark tinha um bom emprego, e o casal teve dois filhos. O mais jovem tinha acabado de começar o Ensino Fundamental. Assim, Betty imaginou que aquele era o momento ideal para voltar à faculdade e completar sua graduação. Mark achou que, para Betty, voltar aos estudos seria uma perda de tempo, de energia e de dinheiro. Ele dizia:

— Eu ganho o suficiente para nos sustentar. Ela não precisa voltar para a faculdade e completar a graduação. Na verdade, ela nem deseja trabalhar, por isso não há sentido nenhum em querer se formar na faculdade. As crianças precisam de alguém que as ajude a fazer a lição de casa, e eu não tenho mesmo tempo para isso. Se ela voltar para a faculdade, a pressão sobre a família será bastante intensa.

Betty apresentou suas razões:

— Ele não compreende como é importante para mim completar minha graduação. Todos os meus irmãos e as minhas irmãs se formaram na faculdade, e sou a única que não tem diploma. Só me falta mais um ano, e mesmo assim terei tempo de ajudar as crianças com a lição de casa. Além disso, Mark poderia até me ajudar, se demonstrasse um pouquinho de boa vontade e desligasse a televisão por algum tempo.

Parecia óbvio para mim que Betty e Mark não apenas estavam diante de um conflito, como também haviam perdido um tempo considerável em discussões. Naquele momento, estavam prontos para jogar farpas um contra o outro. Foram necessárias muitas sessões de aconselhamento para ajudá-los a descobrir como respeitar os desejos um do outro com dignidade e amor. Com o tempo, ambos aprenderam a se ouvir com empatia. Mark finalmente foi capaz de dizer:

— Compreendo por que completar o curso superior é tão importante para Betty. Acho que eu só estava olhando a questão financeira e o impacto que essa decisão exerceria sobre a nossa família. Não estava levando em consideração a necessidade emocional de minha esposa, que era a de completar sua graduação. Percebi que eu estava sendo egoísta, e não demonstrava nenhuma disposição de fazer um sacrifício para ajudá-la a alcançar seu objetivo. Decidi apoiá-la totalmente para que se formasse. Transformamos aquilo num projeto familiar. As crianças ficaram entusiamadas, e hoje posso compreender que isso produzirá um efeito muito positivo em nossos filhos. Espero que, ao ver a mãe voltar à faculdade para completar o curso superior, eles se sintam motivados a, um dia, também se esforçarem para ter um diploma.

Nesse momento, perguntei:

— Como você se sente diante de tudo isso, Betty?

— Sinto que sou muito amada por Mark, e que ele me apóia — ela respondeu. — É uma pena que tenhamos levado tanto tempo para chegar a essa solução, mas acho que ele entende mesmo o desejo de meu coração. Sou muito grata pelo amor e pelo apoio que ele me dá. Penso que isso ajudará a fortalecer ainda mais nossa união.

O conflito entre Mark e Betty foi resolvido quando ele fez a opção de apoiar o lado que a esposa defendia. O processo de ouvir com empatia os conduziu à compreensão, e a compreensão os levou a uma solução sobre a qual ambos concordaram. O conflito deixou de ser uma barreira entre os dois; foi resolvido quando Mark escolheu apoiar a opinião de Betty e abrir mão do ponto de vista que ele defendia. Muitos conflitos podem ser resolvidos por meio dessa abordagem positiva.

O adiamento da solução

Uma terceira forma de resolver os conflitos é adiando a decisão. Nessa abordagem, o casal não consegue encontrar um meio-termo para sua divergência, e nenhum dos cônjuges está disposto a apoiar o outro lado deliberadamente. Dessa maneira, eles "concordam em discordar" num clima de respeito e amor. Procedendo assim, podem resolver o conflito temporária ou permanentemente, dependendo da natureza da desavença. Primeiro, vou mostrar o funcionamento dessa abordagem como solução temporária.

É quase meia-noite de uma terça-feira. Brad e Renee já estão discutindo há duas horas e meia para saber se ele deve ou não sair para pescar com um grupo de colegas de trabalho no fim do mês. Brad quer muito ir. Ele sente que aquilo será de fato importante para estabelecer um clima favorável com os amigos da empresa, algo que pode ser bastante útil em termos de obter segurança no emprego e até de ampliar a perspectiva de receber uma promoção.

Renee resiste a essa idéia porque, até onde ela pode perceber, a maioria dos colegas de trabalho de Brad não é o tipo de gente com quem ele deveria andar. "Metade deles é infiel à esposa", ela diz, "e quase todos bebem demais. Só acho que não é um ambiente saudável para se envolver".

Já passou bastante da hora que eles costumam dormir, e ambos estão exaustos. A discussão não os levou a lugar algum, e agora precisam tomar uma decisão. Eles têm duas alternativas. A primeira é continuar brigando a noite inteira e encarar o dia seguinte emocional e fisicamente desgastados. A outra é dar uma trégua, reconhecendo que o conflito ainda não foi resolvido mas que ambos precisam de um tempo para descansar e pensar no assunto. Em resumo, eles podem concordar em discordar — temporariamente. Em essência, o que um está dizendo ao outro é o seguinte:

> Sabemos que esse conflito não está solucionado, mas já é muito tarde e ambos estamos cansados. Então, vamos colocar essa questão na prateleira e retomar o assunto amanhã ou em outro dia em que ambos concordem. Enquanto isso, os dois dedicarão tempo para refletir sobre a melhor maneira de abordar a questão de um modo mais construtivo, e concordarão em não jogar mais nenhuma farpa um no outro.

Eles concordam em estabelecer uma trégua, e ambos a consideram condição temporária. Se Brad e Renee não aprenderem a ouvir um ao outro com empatia e não procurarem se compreender antes de voltarem a conversar, a próxima discussão sobre o assunto será tão frustrante e improdutiva quanto a última, e a solução do problema pode continuar distante. No entanto, se eles aprenderem a ouvir com empatia e entender os desejos um do outro, terão condições de criar uma atmosfera bem mais favorável para o relacionamento. Por meio desse tipo de escuta, eles aprenderão a considerar com carinho os dois pontos de vista, mesmo que ainda continuem discordando. Em vez de brigar, serão capazes de demonstrar respeito e amor mútuo.

Pode ser que Renee não consiga convencer Brad a apoiar seu ponto de vista, e vice-versa. No entanto, eles ainda conseguirão se comunicar de maneira amigável. Isso significa que não tratarão um ao outro de modo rude nem permitirão que se crie um distanciamento entre os dois. Continuarão tocando a vida de maneira positiva, entendendo que eles apenas enfrentam um conflito que ainda não foi resolvido.

Mais cedo ou mais tarde (antes do fim do mês, é claro) eles terão de chegar a uma solução. Se não conseguirem encontrar um meio-termo e nenhum dos dois convencer o outro a apoiar seu ponto de vista, o dia da viagem para a pescaria chegará e Brad pode tanto ir quanto ficar em casa. Se ele ficar, mas guardando ressentimento em relação a Renee, isso ficará evidente no comportamento dele, e o conflito não resolvido provocará um efeito nocivo no relacionamento.

Se ele participar da viagem sem ligar para o que Renee sente ou pensa sobre aquilo, a mágoa e a raiva da esposa se revelarão no comportamento dela, e assim o relacionamento será prejudicado. Por isso, nesse exemplo, a decisão de adiar a resposta é apenas um recurso temporário que exige dose extra de escuta e compreensão.

Em outros casos, a decisão de adiar a resposta ou "concordar em discordar" pode ser uma solução permanente para o conflito. Por exemplo, Nina e Tyler divergem sobre como usar o tubo da pasta de dente. Ela é daquelas pessoas que apertam o tubo bem no meio, enquanto ele gosta de usar a pasta apertando de baixo para cima. Durante o primeiro ano de casamento, os dois comentavam de maneira franca, porém amigável, as objeções que faziam ao método utilizado pelo outro. Com o tempo, deram um jeito de conversar sobre essa questão com algum grau de abertura. Eles concordaram que, a partir do ponto de vista de um engenheiro, apertar o tubo de pasta de dente de baixo para cima fazia mais sentido. No entanto, na opinião de Nina, que é uma pessoa de personalidade sanguínea, apertar sempre o tubo a partir da parte de baixo era uma disciplina que parecia impossível de ser assimilada.

Tanto Nina quanto Tyler pareciam incapazes de apertar o tubo da pasta de dente do jeito que o outro desejava. Em vez disso, concordaram em comprar dois tubos de pasta de dente, e assim ambos poderiam usar o método que mais lhes agradasse. Tal solução pode funcionar para o resto da vida — ou, pelo menos, até eles descobrirem outra embalagem que não precise ser apertada! Aquele casal concordou em discordar, e nenhum dos cônjuges guardou nenhuma animosidade em relação ao outro. Eles apenas deixaram de se irritar com o comportamento um do outro. Descobriram uma solução que satisfez aos dois, e isso aconteceu quando concordaram em discordar.

Parte considerável dos conflitos que acontecem nos primeiros anos do casamento pode ser resolvida quando os cônjuges "concordam em discordar". Lembro que, quando eu e Karolyn éramos recém-casados, discutíamos muitas vezes sobre como usar da melhor maneira a máquina de lavar pratos. Eu teimava (e ainda sou da mesma opinião) que, se você colocar louças do mesmo tipo juntas — pratos com pratos, xícaras com xícaras e assim por diante —, elas sairão da máquina mais limpas, e a probabilidade de se quebrarem dentro da lavadora será bem menor. Karolyn dizia que tanta organização era perda de tempo. Para ela, lavadoras de louças são fabricadas para lavar o que estiver dentro delas, não importa como ou onde as louças forem colocadas. Depois de meses de discussão, o resultado para ambos foi raiva e ressentimento.

Quando finalmente aprendemos a ouvir com empatia um ao outro e procuramos nos entender, em vez de tentar ganhar a discussão, acabamos concordando em discordar. A solução prática foi que, quando Karolyn colocasse as louças na lavadora, poderia fazer do jeito que achasse melhor, e o mesmo valeria para mim. Como eu era o único que tirava a louça da máquina na manhã seguinte, concordei em lavar as colheres que fossem colocadas juntas, com pasta de amendoim entre elas. Da mesma forma, seria eu quem jogaria fora algum copo quebrado que encontrasse. Foi um sacrifício muito pequeno, se comparado à alegria da harmonia conjugal. Essa solução tem nos servido muito bem por mais de quarenta anos.

A maioria dos conflitos pode ser resolvido quando se encontra um meio-termo, quando ambos os cônjuges fazem a opção por um dos lados ou quando a solução é adiada. Resolvê-los fica muito mais fácil quando marido e mulher se sentem amados e compreendidos, e quando chegam a uma decisão sem a necessidade de usar a coerção. Os dois concluem que estão no mesmo time e trabalham juntos para que opiniões, desejos e emoções visem a solucionar conflitos de modo que ambas as partes vençam.

Cada um desses três padrões de solução de conflitos exige disposição de ouvir o cônjuge com empatia, compreensão, atitudes amorosas e abertura a mudanças. Muitos casais não resolvem suas divergências porque nunca aprendem a seguir esse processo. Os cônjuges ficam presos a um padrão de comportamento caracterizado pela exigência egoísta de que as coisas sejam feitas ao modo de cada um. Mas saber ouvir, compreender e amar é o que gera o clima ideal para uma solução de conflitos que satisfaça as duas partes.

Colocando os princípios em prática

1. Decore esta pergunta e use-a com seu cônjuge da próxima vez que vocês enfrentarem algum tipo de conflito: "Como podemos resolver esse problema de maneira que ambos nos sintamos amados e apoiados?".

2. Neste capítulo, discutimos três maneiras positivas de resolver os conflitos: o meio-termo, a opção por um dos lados e o adiamento da decisão. Você se valeu de alguma delas para solucionar algum conflito recente em seu casamento? Você e seu cônjuge se sentiram amados e apoiados?
3. Você pode pensar em algum exemplo que ilustre como o adiamento da decisão ou a atitude de "concordar em discordar" tenha se tornado solução permanente para algum de seus conflitos?
4. Em sua opinião, até que ponto você e seu cônjuge estão se saindo bem na busca por soluções de conflitos nas quais os dois ganham? O que seria necessário mudar ou permanecer inalterado para que essa habilidade fosse aprimorada?

7

A solução conduz à harmonia

NO INÍCIO DE UM SEMINÁRIO em Chattanooga, no Tennessee, meu colaborador Rick Pierce pediu aos casais juntos há quarenta anos ou mais que levantassem as mãos. Muitos fizeram isso. Em seguida, ele refinou a seleção, pedindo que permanecessem com as mãos levantadas apenas aqueles que estivessem casados por, pelo menos, 45 anos. Depois, só os casais com cinqüenta anos de união. Quando ele chegou aos casamentos com mais de cinqüenta anos de duração, apenas um casal continuou com as mãos levantadas. Então Rick perguntou:

Há quanto tempo vocês estão casados, meus amigos?

— Há 52 anos — eles responderam.

Naquele momento, decidi que procuraria conversar com o casal durante o intervalo para o cafezinho. Quando encontrei com James e Mildred, perguntei:

— A que vocês atribuem esse casamento tão duradouro?

— Assumimos um compromisso desde os primeiros anos de união — respondeu James. — Sempre que discordássemos sobre alguma coisa, ouviríamos um ao outro e tentaríamos encontrar uma solução que ambos considerassem ideal. Como já dá para imaginar, havia muitas diferenças entre nós, especialmente nos primeiros anos do casamento. Dedicamos muito tempo a ouvir um ao outro e a buscar soluções. Mas compensou, pois vivemos juntos muito bem há 52 anos. Temos quatro filhos, e todos são muito bem casados e felizes. Eu e Mildred não poderíamos pedir uma vida melhor.

Voltei-me para Mildred e perguntei:

— Você gostaria de acrescentar algo?

— Bem, acho que ele está certo — ela respondeu. — A única coisa que eu acrescentaria é que assumimos também um compromisso de amar um ao outro, independentemente do que viesse a acontecer, e de poder contar com o outro em qualquer situação. Há alguns anos, passei a ter problemas de esclerose múltipla. Fisicamente, as coisas ficaram muito complicadas para mim, mas pude contar com James o tempo todo. Não poderia encontrar ninguém que me apoiasse tanto quanto ele.

— E o que trouxe vocês a este seminário?

— Ao longo dos anos, formamos o hábito de participar de eventos dirigidos a casais interessados em fortalecer o casamento — ela disse.

— Lemos seu livro sobre as cinco linguagens do amor há alguns anos — continuou James — e decidimos que, se algum dia o senhor viesse a Chattanooga, nos inscreveríamos para assistir à sua palestra.

— Fico feliz que vocês tenham vindo. Espero que achem tudo isso bastante útil.

Antes de sair, acrescentei:

— Como eu gostaria que todos os casais do país pudessem ouvir a história que vocês acabaram de me contar. Se todos os cônjuges assumissem esse compromisso de ouvir um ao outro, resolver suas diferenças, apoiar-se em todas as circunstâncias da vida e continuar a se desenvolver por meio de participações em eventos para fortalecer o casamento, veríamos uma mudança radical acontecer ainda nesta geração.

James respondeu com uma risada:

— Fique à vontade para colocar as coisas que dissemos em seu próximo livro, e talvez o mundo inteiro tenha a chance de saber.

— Talvez eu faça isso mesmo — eu disse, e acabei cumprindo.

Encontrar casais como James e Mildred me faz vibrar. São pessoas que aprenderam a resolver seus conflitos e a caminhar juntas, de maneira harmônica, por toda a vida. No sentido inverso, sofro demais quando vejo tantos casais que vivem discutindo e brigando, com cônjuges que se agridem verbalmente e destroem o sonho de um casamento ideal.

James e Mildred exemplificam o tipo de mentalidade que conduz à solução dos conflitos, em vez de à discussão. Em primeiro lugar, porque se comprometeram a resolver as divergências, e fazê-lo de tal maneira que as opiniões de ambos fossem sempre respeitadas. Todos os conflitos não resolvidos se colocam como barreiras à harmonia conjugal. Todas as desavenças resolvidas produzem profundo senso de intimidade. A decisão de buscar resposta para os conflitos equivale à decisão de construir a harmonia conjugal.

Em segundo lugar, aquele casal desenvolveu um relacionamento harmônico no casamento porque houve um comprometimento de amor mútuo, independentemente do que viesse a acontecer. Eles também podiam contar um com o outro em qualquer circunstância. Muitos casais não entendem que o amor é uma questão de escolha, e não um sentimento. É a decisão de estar atento aos interesses do cônjuge. Começa com uma *atitude* e se expressa num *comportamento* que procura fazer a vida da outra pessoa melhor. É a disposição de *doar* de tal modo que possa *edificar* a vida do cônjuge.

Casais que não conseguem entender que o amor é uma atitude, e não um sentimento, podem jamais encontrar a unidade conjugal. Se nos limitarmos a seguir nossos sentimentos, só trataremos o cônjuge de maneira gentil quando estivermos nos sentindo bem, e seremos rudes quando formos tomados de pensamentos negativos. Maridos e esposas que permitem que as emoções assumam o controle de seu comportamento passarão a vida inteira brigando. No entanto, aqueles que optam por uma atitude de amor e buscam aprimorá-la diariamente criam um ambiente no qual os conflitos podem ser resolvidos de modo que as opiniões e os sentimentos de ambos os cônjuges sejam respeitados.

A terceira pérola de sabedoria que James e Mildred compartilharam foi a compreensão de que o casamento é um processo contínuo. Devemos crescer e aprender ao longo dos anos. O fato de James e Mildred assistirem ao meu seminário depois de 52 anos de casamento indica que a mentalidade daquele casal baseava-se no aprendizado contínuo. Mildred comentou: "Ao longo dos anos, formamos o hábito de participar de eventos dirigidos a casais interessados em fortalecer o casamento". E James me contou que eles costumam ler livros sobre vida conjugal.

Há muitas maneiras de estimular o crescimento conjugal. Seminários sobre como fortalecer o casamento e livros a respeito desse tema são as duas que James e Mildred escolheram. Todo casal deve buscar aconselhamento conjugal, assistir a vídeos ou ouvir CDs de palestras e seminários dirigidos a pessoas casadas. Muitas igrejas também oferecem classes regulares para esse público, seja em encontros semanais ou mensais. Muitos casais descobriram que esses recursos podem ser bastante importantes em termos de informação e apoio.

Os casais que constroem o casamento sobre esta tríplice fundação — a decisão de procurar reconciliação, o compromisso de amar e apoiar um ao outro em qualquer circunstância e a dedicação contínua a atividades que estimulem o crescimento conjugal — serão bem-sucedidos na solução de conflitos, sem precisar passar por brigas e discussões.

Nunca conheci nenhum casal que gostasse de discutir, mas já vi milhares de pessoas casadas que o fazem com regularidade. A discussão se baseia na suposição velada de que "meu jeito de fazer as coisas é o melhor". Quando os cônjuges brigam, é porque um está tentando provar que as opiniões do outro são inferiores. Discutir estimula as emoções negativas e transmite a idéia de condenação, acabando com a auto-estima do outro. Para sintetizar, a discussão causa desunião entre marido e mulher.

Brigas e discussões criam, pela própria natureza, um clima de antagonismo no casamento. Os cônjuges logo se tornam adversários, em vez de continuarem amigos. Nunca conheci um casal cujas discussões levassem à harmonia, mas já trabalhei com muitos outros cujas brigas provocaram a desesperança.

Os conflitos conjugais são inevitáveis, mas discutir ou brigar é uma questão de escolha — uma opção nada saudável, aliás. Discussões nunca resolvem conflitos; apenas os intensificam. Conflitos não resolvidos durante um longo período de tempo (meses ou anos) levam muitos cônjuges a concluir que não são compatíveis. Seu raciocínio é que, se fossem compatíveis, não teriam de enfrentar tantas desavenças, e seriam capazes de resolvê-las com facilidade.

Mas a verdade é que todo casal passa por conflitos, e a solução nem sempre é fácil. Pelo fato de sermos todos egocêntricos, acreditamos que qualquer pessoa sadia e madura concordaria com nossas opiniões. Já aquelas que discordassem delas precisariam de reeducação — por isso começamos tentando educar o cônjuge. Acontece que ele também possui uma visão egocêntrica do mundo, portanto tentará nos reeducar. O resultado é mais discussão e desunião.

Neste livro, procurei apontar um caminho mais elevado. Conflitos conjugais podem ser resolvidos, mas isso exige que saiamos de nossa posição de superioridade e passemos a nos ver como seres humanos criados, de maneira singular, à imagem de Deus. Somos todos indivíduos singulares, por isso nossos pensamentos, sentimentos e desejos são diferentes das demais pessoas. No entanto, junto com nossa individualidade brota uma necessidade profunda de intimidade. O casamento foi feito para suprir essa carência. Marido e mulher unem suas diferenças para formar um time no qual cada um usará seus pontos fortes para ajudar o outro, e juntos usarão suas habilidades para fazer do mundo um lugar melhor para viver.

Cada um de nós é criado por Deus de forma singular. Somos dotados de certos interesses e algumas habilidades para realizar propósitos positivos ao cooperar com Deus e com as pessoas. Num casamento saudável, os parceiros trabalham juntos como equipe, de modo que possam ajudar um ao outro a cumprir os objetivos e as metas que cada um acredita estar destinado a alcançar. Quando o time trabalha junto, em harmonia, o casamento se torna aquilo tudo que deve ser.

Os conflitos nos proporcionam uma oportunidade de demonstrar amor, respeito e admiração mútua. Quando os cônjuges aceitam os conflitos como parte natural da dinâmica do casamento, encontram tempo para ouvir um ao outro. Aprendem como se ouvir de fato, de modo que passam a entender os pensamentos, os desejos e os sentimentos do outro. E juntos encontrarão soluções que lhes permitirão trabalhar como equipe e se ajudar, em vez de deixar que as diferenças os dividam.

A solução de conflitos é um dos aspectos fundamentais do sucesso conjugal. A conclusão é a seguinte: conflitos não resolvidos, acompanhados de discussões e brigas, destroem o casamento; conflitos resolvidos a partir da disposição dos cônjuges de ouvir, respeitando um ao outro e negociando as soluções, fortalecem a união. O meu desejo é que você aprenda como resolver seus conflitos conjugais sem discussões ou brigas.

Colocando os princípios em prática

1. James, casado havia 52 anos, disse: "Assumimos um compromisso desde os primeiros anos de nossa união: sempre que discordássemos sobre alguma coisa, ouviríamos um ao outro e tentaríamos encontrar uma solução que ambos considerassem ideal". Você e seu cônjuge já assumiram um compromisso como esse? Se ainda não o fizeram, por quê?
2. Mildred afirmou: "Assumimos também um compromisso de amar um ao outro, independentemente do que viesse a acontecer, e de poder contar com o outro em qualquer situação". Você e seu cônjuge já assumiram um compromisso como esse? Se ainda não o fizeram, por quê?
3. James e Mildred adquiriram o hábito de freqüentar seminários e palestras e ler livros sobre como fortalecer o casamento. Você e seu cônjuge já assumiram um compromisso como esse? Se ainda não o fizeram, por quê?
4. Se seu cônjuge não se dispuser a assumir esses compromissos, não se desespere. Você pode influenciá-lo positivamente à medida que aprender a colocar em prática as técnicas contidas neste livro. Na verdade, sua influência

mais poderosa será seu exemplo de vida. Quando você muda de postura, deixando de ser uma pessoa propensa à discussão para se tornar alguém que está sempre procurando uma solução para os conflitos, potencializa o clima emocional de seu casamento.

Conclusão

As idéias sobre as quais escrevi neste livro não foram inventadas numa torre de marfim. Elas são resultado de trinta anos de experiência, ouvindo casais que gastavam horas em discussões que os levavam ao limite do desespero. São idéias forjadas em mais de quarenta anos de casamento. O que costumo dizer aos casais que aconselho também disse a você neste livro. Mas tenho perfeita noção de que o conhecimento, por si, não basta. Para que se torne útil de fato, o conhecimento precisa ser aplicado à vida.

Agora que você acabou de ler o livro, quero fazer um desafio: leia-o novamente, desta vez com seu cônjuge. (Você já viu que os capítulos são curtos, por isso sabe que isso não exigirá tanto tempo assim.) Compartilhem as respostas que dariam às perguntas no fim de cada capítulo. Essas respostas revelarão seus pensamentos, sentimentos e desejos em relação ao assunto do capítulo. Aí então, quando os conflitos chegarem em seu casamento, tente aplicar os princípios sobre os quais leu e discutiu com seu marido ou sua esposa.

Se já existe um histórico de discussões e brigas, elas não cessarão da noite para o dia, mas você pode aprender a seguir um caminho mais positivo. Exigirá tempo e esforço, mas que serão bem investidos. Se ambos os cônjuges conseguirem aprender a resolver seus conflitos sem discussão, sentirão a alegria de trabalhar juntos, em harmonia, como equipe. Casamento é isso mesmo: marido e mulher usando opiniões, emoções e desejos singulares para fortalecer a vida um do outro. Resolver conflitos de maneira saudável aprofunda o relacionamento conjugal. Você também é capaz de aprender a resolver conflitos sem brigas ou discussões. E se você achou este livro útil, espero que o indique a um amigo ou uma amiga.

Algumas reflexões muito interessantes

- Quando um cônjuge ganha uma briga, o outro é, automaticamente, perdedor. E todo mundo sabe que não tem graça nenhuma viver ao lado de uma pessoa que perde em tudo.
- Toda discussão leva a algum lugar. Infelizmente, o lugar ao qual leva não tem nada de agradável.
- Tão certo como alguém pode aprender a andar de bicicleta, dirigir um carro ou usar um computador, você pode aprender a resolver os conflitos conjugais.
- A resposta para solucionar conflitos não é nos livrarmos das singularidades que possuímos, mas aprendermos como transformar essas diferenças em recursos, em vez de fatores de divisão.
- Para descobrir uma solução em que os dois cônjuges ganhem é preciso, antes de tudo, optar por crer que tal solução é possível, e que marido e mulher são inteligentes o bastante para encontrá-la.
- Discussões nunca resolvem conflitos; só servem para intensificá-los.
- Três atitudes vitoriosas:
  "Escolho respeitar as idéias de meu cônjuge, mesmo quando não concordo com elas."

"Escolho amar meu cônjuge e fazer o que puder para ajudá-lo hoje mesmo."

"Escolho crer que eu e meu cônjuge somos companheiros de equipe, e que, com a ajuda de Deus, podemos encontrar soluções para nossos conflitos."

- Os conflitos não poderão ser resolvidos se não houver disposição de ouvir com atenção o que o outro tem a dizer. É uma questão de empatia. Uso a palavra "empatia" porque muitos cônjuges acreditam que estão ouvindo um ao outro, quando, na verdade, estão simplesmente recarregando a munição verbal.
- Ouvir com empatia exige que se dedique total atenção ao cônjuge.
- O erro mais comum cometido pelos casais, quando procuram se comunicar, é um cônjuge responder antes de ter uma visão ampla da opinião do outro. Isso leva, inevitavelmente, a brigas e discussões [...] Quando as pessoas respondem de imediato, costumam abordar a questão errada.

Uma solução em que todos ganham

Considerando:

a) Que as discussões geram um relacionamento baseado em rivalidade.
b) Que a solução dos conflitos é absolutamente essencial, se desejamos trabalhar juntos como equipe

... fica resolvido:

- Que nos comprometeremos a buscar soluções para nossos conflitos nas quais ambos ganhem.

Isso é possível quando:

a) Ouvimos um ao outro com empatia ("O que meu cônjuge está querendo dizer? O que ele está sentindo?").
b) Optamos por respeitar as opiniões e os sentimentos um do outro.
c) Buscamos compreender por que uma questão ou um ponto de vista em particular é tão importante para o outro.
d) Descobrimos soluções que levam ambos a se sentirem amados e apoiados.

Assinamos embaixo:

....	....
Marido	Esposa

Compartilhe suas impressões de leitura escrevendo para:
opiniao-do-leitor@mundocristao.com.br
Acesse nosso *blog*: www.mundocristao.com.br/blog

Diagramação: Sandra Oliveira
Fonte: Minion
Gráfica: Imprensa da Fé
Papel: Spbright 70g
Papel: Art Premium 250/gm² (capa)